APRENDENDO COM A DIFERENÇA

Estudos e pesquisas em Educação de Jovens e Adultos

Organização
Leôncio Soares

APRENDENDO COM A DIFERENÇA

Estudos e pesquisas em Educação de Jovens e Adultos

2ª edição

autêntica

Copyright © 2003 Os autores

CAPA
JAIRO ALVARENGA FONSECA

REVISÃO
Ana Elisa Ribeiro

Revisado conforme o Acordo Ortográfico da Língua Portuguesa de 1990, em vigor no Brasil desde janeiro de 2009.

Todos os direitos reservados pela Autêntica Editora. Nenhuma parte desta publicação poderá ser reproduzida, seja por meios mecânicos, eletrônicos, seja via cópia xerográfica, sem a autorização prévia da Editora.

Soares, Leôncio
S676a   Aprendendo com a diferença – estudos e pesquisas em educação de jovens e adultos/Leôncio Soares . – 2 ed. – Belo Horizonte : Autêntica Editora, 2006.
144p.

ISBN 85-7526-094-4

1. Educação. 2. Educação de adultos. 3. Alfabetização. I. Título.
CDU 37
37.014

Belo Horizonte
Rua Carlos Turner, 420
Silveira . 31140-520
Belo Horizonte . MG
Tel.: (55 31) 3465 4500

São Paulo
Av. Paulista, 2.073, Conjunto Nacional, Horsa I
23º andar . Conj. 2310-2312 . Cerqueira César
01311-940 . São Paulo . SP
Tel.: (55 11) 3034 4468

www.grupoautentica.com.br

Sumário

07 Apresentação
Leôncio Soares

11 Quando adultos voltam para a escola: o delicado equilíbrio para obter êxito na tentativa de elevação da escolaridade.
Geovania Lúcia dos Santos

39 Sujeitos não alfabetizados: sujeitos de direitos, necessidades e desejos.
Maria Lúcia Silva Almeida

65 Educação de Jovens e Adultos e Gênero: um diálogo imprescindível à elaboração de políticas educacionais destinadas às mulheres das camadas populares
Vera Lúcia Nogueira

91 Escola noturna e jovens: relação entre religiosidade e escolarização
Heli Sabino de Oliveira

121 A formação do educador de jovens e adultos
Leôncio Soares

142 Os autores

APRESENTAÇÃO

A organização deste livro é o produto de uma ideia, construída ao longo dos últimos anos, motivada pelo crescente interesse pelos estudos e pesquisas que são realizados sobre a Educação de Jovens e Adultos e, ainda, pelo volume da produção sobre essa temática que vem se acumulando no Programa de Pós-graduação da Faculdade de Educação da UFMG. Já superamos a época em que se dizia não existir quase nada para ler sobre essa área. No entanto, a rica e diversificada produção de reflexões sobre a EJA por meio de dissertações e teses nem sempre chega aos educadores e interessados no tema. Publicar um trabalho acadêmico não tem sido tarefa fácil, por outro lado, deixá-lo nas estantes das bibliotecas universitárias é restringir o acesso a milhares de educadores ansiosos em conhecê-lo. Com esse intuito é que reunimos, neste livro, quatro capítulos elaborados a partir de quatro dissertações de mestrado que mergulharam em questões atuais da Educação de Jovens e Adultos. Um capítulo final, sobre a formação do educador, conclui a obra.

O primeiro capítulo responde a uma necessidade sentida na EJA e, ainda, pouco estudada. Trata-se da busca de compreensão dos resultados da EJA, recorrendo, para tanto, à aproximação com alunos que concluíram o ensino fundamental para jovens e adultos. Foi construído a partir de uma investigação sobre os egressos da EJA, intitulado "Quando adultos voltam para a escola: o delicado equilíbrio para obter êxito na tentativa de elevação da escolaridade". Nesse capítulo, Geovania dos Santos procura saber, por meio da reconstituição da trajetória de vida de pessoas que tiveram uma experiência de escolarização tardia, os percalços e as motivações que acompanham a vida daqueles que hoje, em nosso país, decidem voltar a estudar.

O segundo capítulo nos traz a experiência de alfabetização com jovens e adultos. Intitulado "Sujeitos não alfabetizados: sujeitos de direitos, necessidades e desejo". Maria Lúcia Almeida aponta a necessidade de compreender o alcance que a escrita tem para os alfabetizandos adultos, o que fazem ou pretendem fazer com a leitura e a escrita e os significados que esses sujeitos atribuem ao processo de alfabetização.

O terceiro capítulo nos apresenta como as mulheres, em especial, foram impedidas, por muitos anos, de voltar a estudar. Em a "Educação de Jovens e Adultos e Gênero: um diálogo imprescindível à elaboração de políticas educacionais destinadas às mulheres das camadas populares", Vera Nogueira nos apresenta, inicialmente, um panorama sobre a educação das mulheres no âmbito das políticas públicas e, em seguida, analisa como as relações sociais de gênero podem interferir na busca de escolarização, levando as mulheres a utilizar diversas estratégias para conseguirem voltar a estudar, e como essas mulheres veem lidando, de maneira conflituosa, com os impedimentos.

O quarto capítulo é sobre uma temática emergente na EJA – "Escola noturna e jovens: relação entre religiosidade e escolarização". Aqui Heli Sabino de Oliveira busca, em primeiro lugar, compreender por que certos valores católicos estão inscritos nos nomes, nos tempos e nos espaços de determinados estabelecimentos públicos educacionais sem que isso cause estranhamento nos profissionais de ensino. Em segundo lugar, ele procura nos familiarizar com o diferente, apresentando o resultado de um estudo etnográfico que realizou com jovens pentecostais, estudantes de uma dada escola de EJA de Belo Horizonte, que contestavam tanto determinados saberes, quanto certas atividades escolares. Este trabalho aprofunda a reflexão sobre a diversidade religiosa presente em nossas escolas, especialmente as voltadas para o público jovem e adulto.

O quinto capítulo, diferentemente dos demais, é produto de uma pesquisa que realizo em "A formação do educador de jovens e adultos" direcionei minha abordagem para a habilitação em EJA no curso de Pedagogia, buscando captar a pertinência de sua especificidade.

Esperamos, com este livro, contribuir para as reflexões realizadas por um número incontável de educadores presentes nos quatro cantos de nosso país, construindo, com suas práticas, a Educação de Jovens e Adultos.

Leôncio Soares

Quando adultos voltam para a escola:

o delicado equilíbrio para obter êxito na tentativa de elevação da escolaridade[1]

Geovania Lúcia dos Santos

Tendo como objetivo compreender os impactos que a vivência de escolarização tardia gera na vida de adultos das camadas populares, a pesquisa desenvolvida no Mestrado do Programa de Pós-graduação da Faculdade de Educação da UFMG abriu possibilidades para a compreensão de aspectos diversos relacionados ao universo dos educandos jovens e adultos. Entre estes, destaca-se aquele sobre o qual recairá o foco do trabalho cuja apresentação ora se inicia: a necessidade, por parte desses educandos, de construírem um equilíbrio (delicado e, por isso mesmo difícil) entre os obstáculos e as facilidades que encontraram na tentativa de elevar sua escolaridade.

---

[1] O trabalho que ora se apresenta constitui um desdobramento da pesquisa realizada no Programa de Pós-graduação da Faculdade de Educação da UFMG – Mestrado – intitulada "Educação ainda que tardia: A exclusão da escola e a reinserção em um Programa de Educação de Jovens e Adultos entre adultos das camadas populares", concluída em julho de 2001, sob a orientação do Prof. Leôncio José Gomes Soares.

A identificação de parte desses obstáculos, bem como de elementos facilitadores que acabaram por amenizar o peso dos primeiros, contribuindo para a criação de estratégias para enfrentá-los, é considerada um ganho obtido com o desenvolvimento da pesquisa. Isso porque uma de nossas hipóteses iniciais fundava-se na crença de que a existência de uma oportunidade educacional estruturada de modo a satisfazer suas necessidades formativas, em conformidade com o que a literatura específica aponta, seria suficiente para garantir-lhes êxito na escolarização tardia.

Diferentemente, a análise das narrativas de quatro egressos do Projeto de Ensino Fundamental de Jovens e Adultos do Centro Pedagógico da Universidade Federal de Minas Gerais, 2º Segmento[2], evidenciou, entre outros fatores, que a trajetória de escolarização tardia dos sujeitos pesquisados caracteriza-se como "[...] percursos que transcorreram dentro de condições pouco favoráveis à escolaridade" (ZAGO, 2000, p. 39). Segue, portanto, a apresentação/análise de parte dos elementos identificados na pesquisa que possibilitaram se chegar a tal conclusão.

Diferentes, porém iguais: os sujeitos da pesquisa

A partir da análise horizontal das trajetórias de escolarização e de vida narradas pelos sujeitos da pesquisa[3], foi possível compreender que, muito embora cada história seja ímpar, constituindo o resultado de vivências e experiências particulares, existem momentos em comum que as marcam. Analisando a similaridade identificada entre trajetórias de escolarização particulares, Llosa *et al* (2000), concluem que

---

[2] Doravante, utilizar-se-á a sigla PROEF II para fazer referência ao Projeto.
[3] A opção por empreender análise horizontal foi feita a partir das orientações de MICHELAT (1980), que vê, no emprego de tal estratégia, a possibilidade fazer leituras que permitam estabelecer relação entre as entrevistas.

el análisi de las biografias afirma su multiplicidad y pluralidad; sin embargo es posible identificar algunos elementos de comparación a los fines de sostener categorías y relaciones hipotéticas (y no de su generalización). (p. 15)

Apesar de terem chegado ao PROEF II por diferentes vias, tendo a experiência de estudar ali em diferentes momentos, a análise da trajetória de escolarização dos quatro egressos apontou um leque variado de aproximações e semelhanças que possibilitaram compreender que, muito embora existam as particularidades, tratam-se de vivências que trazem a marca do pertencimento a um lugar social específico. Dito de outra forma, não desconsiderando o fato de tratar-se de histórias pessoais ricas de experiências também pessoais, a natureza dessas experiências, bem como o modo pessoal de vivenciá-las, permite tratar esses sujeitos (únicos em sua existência) como um grupo no interior do qual se situam sujeitos que compartilham de uma mesma realidade social. Daí porque os quatro acabaram por enfrentar dificuldades parecidas e, em alguns casos, idênticas, tendo que criar, cada qual a seu modo e em conformidade com as alternativas acessíveis, estratégias para perseverar no que se propuseram fazer.

Abaixo, apresentamos uma breve descrição dos sujeitos cujas narrativas (gentilmente cedidas à pesquisadora) serviram como principal fonte de informações para o desenvolvimento da pesquisa:

João[4]: Sendo funcionário da Universidade desde o ano de 1982, João não só acompanhou de perto a fundação do PROEF II, como atuou diretamente no processo que possibilitou tal

---

[4] No processo de coleta de dados, questionou-se aos entrevistados sobre a manutenção ou o ocultamento de suas identidades. Como os quatro decidiram por se assumir como sujeitos da pesquisa, optou-se por utilizar apenas seus primeiros nomes. Portanto, trata-se de nomes reais.

fundação, na condição de representante dos funcionários e interessado direto[5]. Compondo a primeira turma de alunos, ele estudou ali entre os anos de 1986 e 1990, quando o projeto obteve autonomia para certificar os estudos de seus alunos. Morando de aluguel na periferia da cidade, em um bairro distante da Universidade, João era casado, tinha dois filhos, estando com 25 anos de idade, quando começou a estudar no PROEF II.

Solange: No caso de Solange, a notícia da existência do PROEF II veio por um chefe que, sabedor de seu desejo de voltar a estudar, viu uma nota sobre a abertura do processo seletivo em um jornal e lhe passou a informação. Casada, mãe de quatro filhos, dos quais a menor possuía apenas cinco meses de idade quando ela ingressou no PROEF II, residente em um bairro da periferia de Belo Horizonte, distante da Universidade, em casa própria, estava com 28 anos de idade quando ingressou no Projeto, estudando ali entre 1990 e 1992.

Maria: Apesar de residir na região circundante à Universidade desde que se mudara do interior para a capital, Maria só soube da existência de um programa de suplência no interior da instituição quatro anos após sua fundação, por meio de uma irmã. Depois de uma rápida passagem pela instituição em 1992, foi em 1995, com 35 anos de idade, que ela fez o ingresso

---

[5] A criação do "Projeto supletivo" – antiga denominação do PROEF II –, no ano de 1986, resultou de uma articulação que se fez, à época, entre a entidade representativa dos funcionários da Universidade – ASSUFEMG – e professores da Faculdade de Educação que, tendo identificado a presença significativa de trabalhadores com baixa escolaridade, no interior da instituição, formularam a demanda pela constituição de um espaço onde esses últimos pudessem melhorar sua formação escolar. João, que, como integrante da ASSUFEMG, estava também diretamente interessado na criação desse espaço e lutou ativamente para que tal demanda fosse respondida, expressou a necessidade dessa criação, em sua narrativa, da seguinte maneira: "Eu me sentia incomodado: como estando na casa do saber eu estava excluído dessas conquistas? [...] Quer dizer, nós, funcionários dessa instituição que é tipicamente do ensino, do saber, produz isso e ter no seu seio pessoas que fazem parte da sua comunidade semianalfabetos e analfabetos?".

definitivo na instituição, concluindo ali o Ensino Fundamental em 1997. Ao ingressar no PROEF II, ela estava aposentada havia cinco anos, era divorciada, mãe e responsável direta e única pela manutenção de dois filhos, morando com eles em um barracão alugado.

José: Também funcionário da Universidade, porém na condição de contratado, foi graças a essa inserção profissional que José ficou sabendo da existência do PROEF II, estudando ali entre 1993 e 1995. Casado, pai de cinco filhos, proprietário e morador de uma casa também situada na periferia da cidade, distante da Universidade, ele teve sua primeira experiência de retomada da trajetória de escolarização por meio do ingresso no Programa, aos 39 anos de idade.

O delicado equilíbrio para obter êxito na tentativa de elevação da escolaridade

A partir da análise da trajetória de vida e de escolarização dos sujeitos da pesquisa, foi possível constatar que, antes que eles retornassem aos bancos escolares, constrangimentos sociais diversos e inúmeras barreiras se ergueram em diversas esferas de suas vidas, indicando-lhes a importância da credencial que uma melhor formação escolar representa. Já com a análise da luta que empreenderam para retomar a trajetória de escolarização outrora interrompida, constatou-se que inúmeros obstáculos tiveram que ser superados para que eles obtivessem tal credencial.

Ao analisar o processo que tornou possível o seu ingresso no PROEF II, bem como o período imediatamente posterior a esse ingresso, percebeu-se a existência de múltiplos fatores que acabaram motivando, facilitando e também dificultando a permanência deles ali. Com a identificação desses fatores evidenciou-se que foi no confronto entre elementos dificultadores e elementos motivadores/facilitadores e, evidentemente, nas brechas que foram se abrindo nesse confronto, que os sujeitos construíram condições para responder ao apelo pela melhoria da formação escolar que lhes fora dirigido[6].

Na análise da vivência da experiência de escolarização tardia no Projeto, percebeu-se, novamente, a manifestação de elementos dificultadores e motivadores/facilitadores na trajetória dos sujeitos. Essa constatação conduziu ao entendimento de que para se constituírem, na fase adulta, como alunos que, tendo sido excluídos precocemente da escola, buscaram, no retorno à instituição, a complementação da formação escolar, foi necessário que eles construíssem um delicado equilíbrio entre condições favoráveis e desfavoráveis, lançando mão, para tanto, de estratégias próprias que lhes possibilitassem a permanência na instituição até a conclusão do curso.

A construção desse equilíbrio não parece ter sido fácil. Da análise das quatro trajetórias depreendeu-se que, para assumir e manter a identidade de alunos, tendo no trabalho e na família a centralidade de suas vidas, esses sujeitos acabaram precisando arcar com custos objetivos e subjetivos diversos e, em muitos casos, bastante altos, evidenciando que, no caso de adultos pouco escolarizados, "para permanecer na

---

[6] Nos limites da pesquisa realizada, utilizou-se a expressão "*discurso social do apelo a favor da educação escolar*" para designar todas as manifestações que são feitas socialmente no sentido de mobilizar as pessoas e mais notadamente as famílias para a importância de garantir o ingresso de seus filhos na escola, em idade regular. Conforme analisado na ocasião, o argumento central que vem dando sustentação a esse discurso é a defesa do direito à educação, sendo sua eficácia junto às camadas populares buscada por meio da veiculação implícita (?) da promessa de que, por meio dos estudos, tornar-se-á possível aos filhos fugir das contingências que o futuro lhes reserva, escapando da reprodução das condições de vida de sua família de origem. No caso de jovens e adultos com baixa escolaridade, esse apelo pode se manifestar de diversas maneiras, entre as quais destacam-se constrangimentos sociais e a dificuldade ou mesmo a impossibilidade de determinadas realizações nos campos profissional e pessoal, tal como se observou na pesquisa.

escola são feitos grandes sacrifícios, pois ser estudante não é um ofício que possa ser exercido sem ônus" (ZAGO, *op. cit.*, p. 39).

Entre as explicações encontradas para a luta que os sujeitos empreenderam em favor da melhoria da formação escolar, destaca-se a valorização da educação escolar que se ligava ora a motivações instrumentais, ora a motivações expressivas[7], corroborando a afirmação de que "[...] la escuela adquire sentido para el sujeto cuando a experiencia escolar entra em el horizonte de sus expectativas de vida" (JAUSS, HOHENDHAL e ISER, 1987, apud DUSCHATZKY, 1999, p. 81).

Tratando especificamente de alguns dos obstáculos que se lhes apresentaram quando do retorno à escola e que foram explicitados nas narrativas, destaca-se a limitação e, em muitos casos, inexistência de oportunidades educacionais para esse público, como sendo senão, o maior, certamente um dos maiores obstáculos a serem transpostos para que a retomada da trajetória de escolarização se viabilizasse. À falta de escolas e, mais especificamente, à falta de vagas para jovens e adultos pouco ou não escolarizados em escolas do sistema público de ensino regular, seguiu-se, em suas narrativas, a recorrência a falas que apontaram para a inadequação das poucas oportunidades educacionais acessadas[8].

---

[7] Em um "Seminário de Pesquisa" realizado com os alunos da pós-graduação da linha de pesquisa de Educação de Jovem e Adultos, entre os dias 4 e 5 de maio de 1999, a Prof². Marília Spósito se referiu à existência de "razões instrumentais e razões expressivas" a motivar o retorno à escola por jovens e adultos das camadas populares. As primeiras, nesse contexto, seriam aquelas ligadas a aspectos mais objetivos, tais como obtenção de certificado e ascensão no mercado de trabalho. Já as segundas se caracterizariam por aspectos simbólicos, ligados mais ao plano da subjetividade, tal como reconhecimento social. Ao analisar as aspirações dirigidas à educação, WEBER (1976) também utiliza a divisão entre orientação instrumental (material) e orientação expressiva (simbólica) nos moldes definidos por Spósito. No caso deste trabalho, o emprego de ambas as expressões é feito no mesmo sentido indicado por ambas as pesquisadoras.

[8] Tanto Maria quanto Solange vivenciaram outras experiências de escolarização tardia antes de ingressar no PROEF II. Da narrativa das mesmas depreende-se que a não conclusão do Ensino Fundamental nas tentativas anteriores deveu-se a inadequações de ordem estrutural e/ou pedagógica dessas oportunidades educacionais. O

Da análise das narrativas sobre o processo que tornou possível, aos quatro egressos, a criação de condições tanto para ingressar, quanto para permanecer no PROEF II até a conclusão do curso, veio a seguinte constatação: muito embora a existência de oportunidades educacionais acessíveis e adequadas aos demandatários da EJA seja uma condição fundamental para que eles possam retomar e dar seguimento à sua formação escolar, essa condição, por si só, não é suficiente para que obtenham êxito. Para além da existência do local onde se possa estudar, é necessário que haja a convergência de um conjunto de elementos que, no contexto da pesquisa, foram considerados como motivadores/facilitadores. Motivadores porque, para assumirem a identidade de estudantes, na fase adulta, esses sujeitos precisaram estar imbuídos de muita motivação. Facilitadores porque, apesar da motivação e da existência da oportunidade educacional, existiram outras barreiras cuja superação só se tornou possível porque lhes foram oferecidas e/ou eles conquistaram algumas facilidades ao longo do processo. Pelo que foi narrado sobre a experiência de escolarização tardia, percebeu-se que foi graças à existência de fatores dessa natureza, somados a uma forte determinação pessoal, que eles puderam superar as dificuldades, os obstáculos e os temores que se fizeram presentes durante todo o período em que estiveram no PROEF II.

Dentre as dificuldades enfrentadas, o processo seletivo prévio ao ingresso no PROEF II foi mencionado pelos entrevistados, à exceção de João, que parece não ter passado por essa etapa.[9] Ao falarem sobre a prova de seleção, a primeira

---

curioso, nesse caso, é que mesmo cientes de que a não continuidade foi motivada por tais inadequações, ambas colocam-se na condição de fracassadas, tomando para si a culpa/responsabilidade por essas novas exclusões da escola que vivenciaram, corroborando o que vem sendo apontado pela literatura especializada a respeito da interiorização do fracasso escolar pelos que o vivenciam.

[9] O processo de seleção que se realiza para o ingresso dos alunos no Programa possui três etapas: inscrição de candidatos, prova para aferir os candidatos aptos a cursar o nível correspondente à 5ª série do ensino fundamental e sorteio de vagas entre os selecionados na segunda etapa.

ideia que Solange, Maria e José deixaram transparecer foi a de susto, seguido de uma sensação comum de que não conseguiriam ser aprovados, devido ao longo período de afastamento dos bancos escolares:

> *Aí eu liguei pr'aqui e eles me informaram que tinha que vir e fazer a inscrição e, se passasse na prova de seleção, não teria que pagar nada, que só teria que comprar caderno que as apostilas eles mesmos davam. E eu vim e fiz a prova e pensei: "Não vou passar não, dez anos sem estudar!"*. (Solange)

> *[...] aí eu lembro que eu vim, tinha que fazer uma prova de seleção. Eu falei assim: "Acho que eu não vou conseguir fazer aquilo não!" Aí peguei, no dia lá, animei e vim, acabou que consegui.* (José)

Para além dessa justificativa, o temor provocado pelo saber-se obrigado a se submeter às provas de seleção parece poder ser explicado também pela via da baixa autoestima. Possuindo uma trajetória de escolarização marcada por fracassos (em alguns casos sucessivos) e uma trajetória de vida na qual a vivência de constrangimentos pela pouca escolaridade foi constante, é natural que esses sujeitos ficassem apreensivos e temerosos diante de situações nas quais lhes fosse demandado expor seus conhecimentos, uma vez que se colocavam (e foram socialmente colocados) no lugar do não saber.[10] Passada a prova, seguia-se, ainda, o sorteio das vagas, para o qual o que contava não eram os conhecimentos e habilidades que dominavam, mas a sorte.

Embora pareça, à primeira vista, um mal necessário, a prova de seleção à qual tiveram que se submeter surtiu efeito positivo, passando de elemento dificultador a forte motivador para a retomada dos estudos. Isso porque o temor inicial foi superado,

---

[10] Com relação aos impactos que o fracasso escolar gera naqueles que lhes são vítimas, Zago (*op. cit.*), afirma que "a interiorização do fracasso, além de outros efeitos relacionados à autoestima, certamente não favorecem uma relação positiva com a escola" (p. 33).

e eles passaram a se ver como portadores de um conhecimento legitimado pela escola. Ou seja, ao se verem como capazes de enfrentar, com sucesso, um exame de seleção, tiveram a autoestima elevada, aumentando, assim, a disposição para os estudos:

> *E aí quando eu vim para saber o resultado, o meu nome estava lá no quadro. Ô gente, mas aí foi uma alegria, foi uma satisfação tão grande!...* (Solange)

No caso de José, a motivação parece ter sido ainda maior porque ele não só foi bem-sucedido nas provas, como o foi a ponto de ser classificado diretamente para a segunda etapa do curso[11]:

> *Eu não passei pelo sorteio não. Tinha o sorteio, mas eu fui assim, sem classificação, entendeu? Eu já entrei... foi assim, ao invés d'eu entrar na 5ª série, eu entrei na Turma II. Eu me senti assim, muito orgulhoso. Tipo assim, no meio de duzentos e cinquenta alunos, eu não ter que entrar no sorteio e ter conseguido já entrar para... classificado direto sem entrar no sorteio... Nem passar! É por aí, eu fiquei, por dentro, eu fiquei todo orgulhoso de ter conseguido! Entendeu?* (José)

O fato de o PROEF II se desenvolver no interior da Universidade, sendo parte integrante da instituição, destacou-se, nas quatro narrativas, como um grande motivador. Em alguns casos, essa especificidade significou a ampliação do horizonte de possibilidades, ao permitir que os alunos tivessem contato com um grande número de pessoas que gozavam de uma situação diferente da sua e, por isso mesmo, desejada:

> *Ah, [estar na Universidade] incentiva muito mais você estudar, até mesmo você ver o transitar de alunos...*

---

[11] Quando, eventualmente, o candidato apresenta domínio acima do mínimo esperado nas habilidades de leitura, interpretação e cálculos matemáticos básicos, a comissão encarregada do processo seletivo pode deliberar por sua inserção nas etapas posteriores do curso. No caso de José, houve o encaminhamento para a segunda etapa do curso, correspondente à 6ª série.

> *O estar lá dentro, com certeza, te dá mais força, mais disposição de estudar e ver que você pode chegar lá, naquela posição que o aluno, que você está vendo ali, sabe?* [...] *Dentro do preparatório, eu não podia nem me imaginar dentro de uma faculdade, eu nem tinha noção de como era uma faculdade, sinceramente! Lá no CP não, no CP não só tive noção como eu pude ver, pude entrar numa biblioteca, sabe, um monte de coisa... e saber que eu posso, inclusive, usar aquela biblioteca, que qualquer um pode chegar lá e pegar um livro, sabe, e ler... Quer dizer, isso é muito importante, isso ajuda demais! Isso amplia, não só amplia os horizontes da gente como te dá mais vontade de continuar, sabe? Te dá mais garra, é isso! Eram coisas completamente diferentes, é como se fosse um outro mundo, aquela escola!* (Maria)

Esse fato também possibilitou, conforme explicitado na fala transcrita, que os egressos desmistificassem a instituição. Podendo ter acesso a seus mais diversos espaços, acervos e experimentar parte do que havia ali, eles construíram um modo novo de percebê-la. Ver-se ali também possibilitou que eles se percebessem como sujeitos de direito e de conhecimentos, uma vez que, na imagem que tinham até então, aquele era um espaço de "privilegiado, crânio, cabeção [...], só pessoa superdotada"[12], de pessoas que possuíam uma trajetória caracterizada pela longevidade escolar, graças à uma situação financeira favorável ou a serem muito inteligentes e/ou à combinação dos dois fatores. Portanto, ao estar ali, eles se viam também como "privilegiados", ou como sujeitos que, mesmo não possuindo as características dos estudantes da Universidade, adquiriram o direito de ter a experiência de estudar em uma instituição pública de prestígio que, acreditavam, ofertar-lhes-ia uma formação de boa qualidade[13].

---

[12] Essa expressão foi utilizada por José ao se referir aos alunos da Universidade.

[13] Nos depoimentos de outros egressos com os quais se fez contato durante a pesquisa, uma das justificativas mais recorrentes para o ingresso no PROEF II é a ideia, por eles alimentada, de que, por se tratar de um curso desenvolvido no interior da Universidade, seria melhor que os outros. Essa ideia se expressava pela da utilização de termos como qualidade, seriedade, compromisso e outros correlatos.

A maneira como foram recebidos no projeto também parece ter sido um grande motivador. Sendo citado com maior ênfase por Maria, o fato de ser vista e, por conseguinte, passar a se ver como sujeito portador de uma história, de experiências, de aspirações, expectativas e até temores, ao qual foi dada a oportunidade de se colocar, se apresentar, diferentemente do que havia acontecido nas outras experiências de retomada dos estudos que vivenciara, aparece como um grande diferencial:

> [...] *no preparatório, enquanto você tinha um número, era um número lá na sala, no meio daquele bando de gente, o professor sozinho, lá na frente, falando para aquele bando de gente... aí você chega no CP, eles já... A primeira coisa você sente a diferença: a entrevista, a conversa, o perguntar o quê que você pretende fazer... Aquilo já te deixa assim: "Ah, cheguei, agora estou em casa! Posso começar, aqui dá!" Sabe, é isso. Eu acho que isso faz muita diferença, porque você se sente já valorizado ali, sabe? Você já se sente assim, mais... É em casa mesmo! Você já se sente mais: "Ôpa, aqui eu posso! Aqui eu já estou podendo!" Sabe, assim: "Eu existo aqui!" Lá não, lá eu era um número no meio daquela multidão... sem rosto, entendeu? E isso, para quem está voltando a estudar depois de um longo período, faz muita diferença: é você ter o seu rosto, é você ser identificado. E isso é importante. Para mim foi, eu acho! Te dá aquela... Aí você sente assim que você pode, que ali você vai! Porque no outro não tive, tanto é que eu não continuei. Não só por dificuldade financeira, mas porque eu achei assim, não tinha...* (Maria)

Esse sentimento de acolhimento, contrário ao de exclusão antes vivenciado, apontado por Maria como um dos fatores fundamentais que a fez acreditar que ali, no PROEF II, ela permaneceria, parece ter sido compartilhado por uma parcela bastante significativa dos alunos que por ali passaram, sendo, invariavelmente, apontado por eles como uma das melhores lembranças guardadas da experiência de escolarização tardia vivenciada no Projeto[14].

Por mais que constituir uma lembrança boa para os egressos seja importante e digno de ressalva, é possível atribuir a esse tratamento e à recepção dispensada aos alunos parte da responsabilidade pelos resultados que eles apresentaram em seu processo de escolarização e mesmo da responsabilidade por sua permanência ou não. A abertura de um espaço para a fala, para a manifestação desses sujeitos, cujas trajetórias de vida e de escolarização são caracterizadas, normalmente, pela ausência desse espaço, o fato de dispor-se a ouvi-los e, mais que isso, se interessar pelo que tinham a dizer sobre si mesmos parece ter surtido um efeito bastante positivo. Isso os fez perceber que tinham o que dizer e que o conteúdo de suas falas era importante na medida em que os revelava para os outros e para si mesmos, sendo incorporado ao processo de ensino/aprendizagem que ali se desenvolvia.

O fato de se verem no interior de uma instituição cuja proposta pedagógica baseava-se na valorização dos conhecimentos prévios dos educandos, na negação da simples transmissão de um conhecimento tido como válido e na aposta em um processo de construção do conhecimento, no qual o educando precisava se colocar como sujeito, parece ter representado um choque para eles, que estavam habituados a uma escola cuja pedagogia prima pela transmissão do conhecimento e pela

---

[14] Essa recepção que se iniciava no momento da inscrição para o processo seletivo, por meio da exposição das características do projeto e de uma conversa com os futuros candidatos, é descrita da seguinte maneira no Programa do Projeto Supletivo: "O semestre deve iniciar-se com um encontro entre estes [os alunos] e os monitores, utilizando também um questionário, com perguntas que ampliam o universo de informações sobre os mesmos. É comum, neste primeiro momento, depararmos com alunos que passaram até vinte anos sem frequentar uma escola e que chegam com dificuldade de se expressar verbalmente, de falar em público e de escrever. Esta constatação vem reforçar a importância das atividades de desinibição, de entrosamento da turma e dinâmicas que desenvolvem a oralidade do aluno e a conquista de novos espaços culturais e de convivência." (PROGRAMA, 1996, p. 9)

negação de toda e qualquer possibilidade de o aluno emergir como sujeito no processo ensino/aprendizagem.[15]

Analisando a relação que os jovens estabelecem com a escola, quando a ela retornam, no referente à fala, Dayrell (1998) percebeu que

> Os depoimentos deixam clara a relação existente entre a autoconcepção negativa, a palavra e o poder. Essa mesma relação pode ser constatada na dificuldade que apresentam, inicialmente, em participar das aulas perguntando, questionando, em expressar-se de qualquer forma em público. A aparente apatia e passividade, tão reclamadas pelos professores dos cursos noturnos, fazem parte do mesmo conjunto de problemas. Diante de alguém que consideram superior, no trabalho ou na escola, ou num meio que não o deles, calam-se, envergonham-se, sentem-se tímidos. De um lado, a insegurança diante do código linguístico dominante, imposto como legítimo, que lhes foi negado pela própria escola. Em um e outro, a atribuição individual da culpa: o que é a imposição social do silêncio, torna-se para eles timidez e 'falta de cultura'. Mas não só. O próprio poder de falar entre iguais é relativo. E o é porque a questão não se resume apenas no falar, mas também na qualidade do que se fala. (p. 325)

Assim, o "resgate do desejo de aprender" constituía a primeira grande tarefa que a instituição deveria realizar junto aos educandos, a fim de criar as condições necessárias para seguir desenvolvendo sua ação educativa. Conforme demonstram Souza *et al.* (1999), esse resgate "passa necessariamente pelo resgate do sujeito do processo de aprendizagem. Resgates

---

[15] Segundo consta do Programa de Educação Básica de Jovens e Adultos do Centro Pedagógico, "o conhecimento do percurso cognitivo dos aprendizes é outro princípio que se procura adotar. Temos procurado avançar nas leituras, discussões e reflexões sobre a investigação dos conhecimentos prévios que os alunos trazem a partir de suas vivências e experiências (extraescolares e escolares) e sobre os papéis que tais conhecimentos que devem desempenhar nas estratégias de ensino-aprendizagem ali elaboradas e empreendidas, na escolha de conteúdos, nas dinâmicas de sala de aula e nas atividades extraclasse" (PROGRAMA, 1996, p. 5).

possíveis a partir de uma prática docente que considere o aprender em uma dimensão mais ampla: no âmbito do conhecimento, da valorização da palavra e da autonomia e da inclusão de valores éticos e sociais" (p. 14).[16]

Da parte do educando, resgatar esse desejo significava assumir-se como sujeito do próprio conhecimento, sujeito do direito e, mais que isso, do uso da fala. No caso dos egressos sobre os quais recaiu o foco desta pesquisa, esse resgate parece ter demandado um esforço ainda maior, pois, conforme já foi discutido, no referente à relação com a escola e com o conhecimento, eles assumiam posição de inferioridade. Portanto, se colocar no lugar de sujeito de conhecimentos, capaz de participar ativamente do processo de ensino/aprendizagem que se desenvolveria a partir e em função do repertório de conhecimentos e vivências que ele acumulou ao longo de sua vida, demandava a construção de uma nova maneira de ver e entender a escola e sua função social; demandava a "[...] revaloración de si mismos y uma reconstrucción de su autoestima". (LLOSA *et al.*, *op. cit.*, p. 17).[17]

---

[16] "[...] todo trabalho desenvolvido no Projeto Supletivo procura situar o aluno trabalhador como agente no processo de aprendizagem, um ser concreto, portador de uma bagagem de experiências. É necessário, portanto, criar um espaço democrático na sala de aula para os alunos se expressarem, possibilitando um maior conhecimento de sua realidade" (PROGRAMA, 1996, p. 9).

[17] A esse respeito, Dayrell (*op. cit.*) afirma que "a escola pode contribuir nesse processo de imposição e reprodução das condições que geram o 'silêncio' nos alunos trabalhadores, através da forma como trabalha com o saber, via conteúdos, através da postura autoritária dos professores, como também na restrição aos espaços onde possam exercer o direito à fala. Mas também pode contribuir para o resgate do 'poder de dizer', num processo paulatino e cotidiano." (grifos do autor, p. 32). Durante o período em que atuei como Monitora-professora de História no PROEF II, tive a oportunidade de trabalhar com duas turmas iniciais. Nesse trabalho, foi possível perceber como a negação do direito à palavra na escolarização inicial e a baixa autoestima em relação à escola dificultam o desenvolvimento de uma proposta pedagógica na qual o educando emerja como sujeito da fala. De fato, o processo é paulatino e cotidiano e, somente na medida em que têm elevada sua autoestima, os educandos vão, aos poucos, abandonando o lugar do silêncio e assumindo o lugar da fala e o direito a seu uso.

Embora a gratuidade dos estudos no PROEF II representasse um grande facilitador para todos, ela não era suficiente para garantir a permanência no curso. Isso porque havia outros dificultadores de ordem financeira a serem enfrentados. Os alunos sabiam (provavelmente porque o sentiam no bolso) que, do ponto de vista financeiro, a decisão de retomar os estudos implicava custos que poderiam ser bastante elevados. Em sua narrativa, Solange expressou com bastante clareza essa questão, ao afirmar que:

> [...] só de saber que eu não ia ter que pagar escola, não é? Porque com filhos, na época eu estava mexendo lá em casa, pelo menos era uma economia que eu já vinha a fazer! [...] a gente fala que escola aqui é de graça. Não, gente! Sabe quantos ônibus eu gastava pra mim vir aqui dependendo do lugar onde eu estava? Seis ônibus por dia. Com o preço que está a passagem, o que eu ganhava, metade era pra passagem, a outra metade deixava em casa pra comprar pão, leite, os meus cigarros. Então, praticamente eu estava trabalhando pra estudar. (Solange)

O fato de não impor aos alunos a obrigatoriedade da aquisição de material didático, garantindo-lhes o fornecimento de materiais produzidos ali, pelas equipes de área, compatíveis com o desenvolvimento da ação educativa desenvolvida, também se destacou na narrativa dos entrevistados e no depoimento de outros egressos como mais um elemento motivador/facilitador. Por meio desse recurso, os alunos não só se livravam da despesa com material, tão comum nas oportunidades educacionais no campo da EJA, como também tinham acesso a um material de qualidade, planejado, elaborado e/ou organizado especificamente para a satisfação de suas necessidades formativas.

Como não era possível se livrar das despesas de transporte, a análise demonstrou que os egressos foram construindo maneiras próprias de lidar com a situação, aproveitando-se dos elementos facilitadores que emergiam nesse campo. No caso de João e José, o problema do transporte não se fez notar, pois estudavam no local de trabalho, ficando livres de possíveis despesas extras.[18] No caso de Maria, a estratégia adotada implicava um esforço físico, acompanhado por uma perda relativa de tempo:

> [...] *todo dia eu ia a pé, e a maioria das vezes eu ia a pé e voltava, eu e meu sobrinho.* [...] *Uns 40 minutos daqui lá no CP, a pé. Ia e voltava.*

Nessas caminhadas, ela tinha a companhia do sobrinho que havia convencido a voltar a estudar. E, apesar do desgaste, ela revela que fazer o percurso a pé tinha como compensação o fato de acabar se transformando em um momento de socialização e lazer:

> [...] *era uma farra também! Até isso era legal, porque para ir a gente ia sozinho, mas para voltar sempre voltava uma turma maior, voltava o Wagner, voltavam outras pessoas que pegavam ônibus ali, sempre voltava mais. E também era muito bacana!...* (Maria).

Embora não pareça ser uma prática comum entre os empregadores, a empresa em que Solange trabalhava facilitou-lhe a retomada dos estudos subsidiando o transporte para a escola e reduzindo sua jornada diária em trinta minutos, para que ela pudesse chegar à Universidade em tempo para o início das aulas. Entretanto, as facilidades no referente ao transporte e ao horário duraram pouco tempo: ela acabou saindo dessa empresa e voltando para o trabalho como diarista, para ganhar um pouco melhor, perdendo, assim, os

---

[18] Essa combinação de local de trabalho com o de estudo parece ter sido fundamental em ambos os casos. Antes de ingressar no PROEF II, João chegou a dispensar a indicação de uma escola da rede privada, que, na época, oferecia a trabalhadores a possibilidade de estudarem à noite, gratuitamente, por não poder assumir as despesas de transporte que o estudo em tal escola geraria.

benefícios que o emprego lhe garantia. A partir de então, Solange teve que arcar com o custo do transporte, que variava em função da região na qual ela estivesse trabalhando, e, ainda, lançar mão de estratégias que lhe possibilitassem reduzir despesas:

> *Eu morava no Alto do Vera Cruz. Para evitar de pegar muito ônibus eu pegava o [ônibus] São Francisco/São Geraldo aqui atrás, descia na Abadia e ia a pé até a minha casa. Às vezes, quando os professores davam carona para a gente até no Centro, para mim era mais fácil. Daqui lá em casa, com o trânsito bom, era uma hora e meia praticamente. Eu saía às 10h10. Chegava em casa mais ou menos às 11h30 porque eu andava, andava bastante para tomar um ônibus só.* (Solange)

Como se pode perceber a partir de sua narrativa, a contrapartida dessa estratégia, no entanto, era alta: ela tinha que percorrer uma longa distância a pé, à noite, sozinha, após ter enfrentado uma jornada de trabalho pesado e uma segunda jornada de estudos em sala de aula, sem falar na terceira jornada que ainda a aguardava, em casa.

Nos quatro casos, o problema da alimentação pôde ser resolvido por meio de outros facilitadores: o sopão que era servido no próprio PROEF II, para os alunos, antes do início das aulas[19]. Além do sopão, os alunos tinham o direito de jantar no bandejão da Universidade. Por meio desses recursos, eles tinham a possibilidade de satisfazer a necessidade de uma refeição intermediária entre a saída do trabalho e a chegada em casa (num período que poderia chegar a seis horas), sem ter nenhuma despesa – no caso do sopão –, ou pelo do pagamento de um valor bastante

---

[19] Dos quatro sujeitos, apenas Maria não chegou a ser beneficiada pelo sopão, tendo, durante um curto período, a possibilidade de se alimentar no bandejão, cujo direito de acesso a alunos do supletivo com valor subsidiado foi cortado na época em que ela estava estudando.

acessível, cujo custo era inferior ao de um lanche simples – no caso do bandejão.[20]

As reações negativas de algumas pessoas em relação à retomada dos estudos também foi uma barreira que se ergueu aos sujeitos com o ingresso no PROEF II. Nesse sentido, merecem destaque as reações esboçadas por familiares, cuja referência, nas quatro entrevistas, deu margem para que se percebesse, entre outras coisas, a maneira como o retorno aos estudos, no caso de pessoas adultas, é encarada socialmente. Solange, por exemplo, resolveu encarar a reação negativa do marido, não desistindo de aproveitar a oportunidade que se lhe apresentara:

> *Foi uma barra muito grande, na época meu marido falou que... Quando eu comecei a estudar aqui, meu marido falou que ia me largar. Aí eu falei: "Pois pode largar!" Porque eu quero uma coisa para mim, sabe? Eu sempre lutei para as coisas melhor para mim. Eu*

---

[20] Conversando com uma pessoa ligada ao Supletivo desde sua criação, averiguou-se que a ideia de fornecer, no próprio PROEF II, uma sopa aos alunos antes do início das aulas partiu de um aluno que sugeriu que a possibilidade fosse discutida junto ao Restaurante Setorial, responsável pelo jantar oferecido à comunidade acadêmica. A então coordenadora do supletivo, Profª Leonor Ferraz, conseguiu que o restaurante disponibilizasse ao supletivo uma panela de sopa, cujo transporte ficava sob a responsabilidade da coordenadora. Assim, todas as noites, a sopa era levada e servida aos alunos antes do início das aulas. Nessa época, também se conseguiu, junto à Fundação Mendes Pimentel – FUMP –, o subsídio no valor das refeições. Portanto, os que preferissem e tivessem tempo para tanto poderiam fazer uma refeição completa (almoço ou jantar) no próprio restaurante do campus da Universidade e em outros ligados à instituição. Não ficou esclarecida a causa do fim do sopão e nem da diminuição do subsídio no valor das refeições. De qualquer maneira, é importante ressaltar que o fato de os alunos terem acesso ao restaurante e também ao Clube Universitário – CEU –, possuindo a carteirinha de estudante, aumentava a identificação deles, não só como alunos do supletivo, mas como membros da comunidade universitária. Com relação ao sopão, também é importante ressaltar que, para além de ser uma estratégia por meio da qual se garantia aos alunos a alimentação, liberando-os de possíveis gastos, também assumia o caráter de um momento de socialização, uma vez que eles podiam jantar juntos, em um mesmo local e horário, contando, inclusive, com a presença de monitores-professores e coordenadores, que também os acompanhavam nessas refeições, conforme se percebeu por meio de conversas sobre o assunto.

> *falei: "Então pode ir! Falei mesmo com ele: Você pode ir porque você é um homem, você é uma pessoa que não tem ambição". Porque ele acha que eu sou ambiciosa assim, do fato de eu querer ter um estudo, de ter uma posição melhor na vida, assim, de conseguir um emprego melhor... Então, ele acha que eu sou ambiciosa. Então eu falei com ele: "Não, você pode ir!" Eu bati o pé, falei que ia estudar, tal e tal, comecei a estudar, enfrentando brigas dentro de casa, não deixando isso atrapalhar o meu serviço, a minha escola, sempre tive notas boas. Mas quando ele viu mesmo que eu não arredei meu pé... ele tá lá até hoje!* (Solange)

Como se não bastasse a necessidade de enfrentar o marido, chegando a pôr em xeque seu casamento, ela também teve que enfrentar a reação negativa de outros familiares, para os quais não fazia sentido sua busca por uma melhor formação escolar, uma vez que seu tempo para estudar já havia passado:

> *[...] quando eu comecei a estudar aqui, no CP, aí eu passei, assim, uma dificuldade muito grande, porque minhas irmãs falavam que eu já tinha muito diploma dentro de casa, que eram os filhos. Para quê que eu ia caçar mais, não é?* (Solange)

Segundo explicitado em sua narrativa, diante dessas provocações, ela se posicionava com a mesma firmeza que se posicionara diante do marido:

> *Eu sempre achei que a educação, o saber, nunca ocupa lugar. Eu tenho essa perspectiva comigo. Quanto mais você aprende, melhor é, isso ninguém tira de você. O conhecimento que você venha a ter, isso é uma coisa que a gente tem com a gente. Eu sempre lutei para isso!* (Solange)

Tal como Solange, José também enfrentou, dentro de sua casa, reações negativas diante de sua decisão de retomar os estudos. Segundo ele, sua esposa

> *não viu com bons olhos não, que ela é muito ciumenta, entendeu, ela estava achando que eu estava querendo era aprontar alguma coisa. No início ela não gostou muito não. Ficou de cara feia... Tipo assim, fazia uma cara feia, jogava uns pontinhos, entendeu, umas indiretas, mas nunca passou disso!* (José)

Questionado acerca das possíveis razões para a reação inicial da esposa e para sua permanência com o decorrer de tempo, ele esclareceu que

> *era muito trabalho que tinha, não é? Porque, geralmente, trabalhava durante o dia, estudava ali mesmo, no CP, e, geralmente, no final de semana, um feriado prolongado é que era o problema porque tinha muita pesquisa para fazer, muito trabalho e eu fui gostando do negócio, fui envolvendo, à medida que foi passando, eu fui interessando, porque eu vi como que era bom, e aí começou os meus feriados, sábado, domingo, eu ficar todo envolvido lá com pesquisa, envolvido com os meninos e pergunta um, pergunta o outro, entendeu?* (José)

Também os filhos, por razões diferentes daquelas que motivaram a reação negativa da esposa, colocaram-se senão contrários, no mínimo em posição de estranhamento, diante da decisão do pai:

> *eles, assim... no início... tipo assim, eles não ficaram entusiasmados não, mas eu acho que até por eles estarem na adolescência, eles acharam assim aquele negócio estranho: "Pôxa, meu pai depois de velho voltar a estudar!" Entendeu? Eles não deram muito valor. É, se assustaram, no início, se assustaram um pouco: "Mas qual é a do meu pai?" Acho que eles pegaram mais como se eu estivesse assim tentando mostrar para eles que eles estudavam, mas não davam tanto valor ao estudo igual eu dava valor, entendeu?* (José)

Assumir-se como aluno, após um longo período de afastamento dos bancos escolares, foi um outro grande dificultador identificado nas quatro narrativas. A necessidade imperativa de desenvolver a disciplina necessária aos estudos, o pouco tempo livre para estudar em casa, o cansaço sentido após um dia inteiro de trabalho, a percepção de possuírem um ritmo diferente de aprendizagem, demandando mais tempo e atenção, tudo isso contribuiu para tornar ainda mais tensa e difícil a retomada da trajetória de escolarização. Nesse sentido, o relato de José sobre a necessidade de descansar, ao término do curso, é bem esclarecedor:

> *Eu vinha no CP, aquele período que eu estava aqui no colégio era o ... Já passou, fazia parte da minha vida! Aí, de repente, à medida que eu fui afastando, afastando, afastando, passou um mês... Nos seis primeiros meses tudo bem, era aquele negócio de descansar e tal, tal. Mas depois eu fui ficando assim tipo com saudade mesmo do pessoal, da turma. [...] É assim, o cansaço... Aquele negócio que você fala assim: "Ah não, vou descansar um pouco, quero saber de dormir... chegar mais cedo em casa..." [O ritmo da vida] tinha mudado muito, entendeu? Falei: "Ah não, agora eu quero é chegar em casa mais cedo e não quero saber de fazer pesquisa sábado e domingo... Entendeu? Então é por aí. [Queria tentar voltar um pouco] o ritmo anterior... Porque estudar era bom [mas era algo que] exigia muito, entendeu?* (José).

No caso de Solange, o cansaço se fez sentir ao longo de todo o período durante o qual esteve estudando, dada a necessidade de enfrentar no mínimo três jornadas diárias, a saber: o trabalho, o cuidado da casa (incluindo aí filhos e marido) e, ainda, os estudos. Para dar conta de tudo isso, só mesmo diminuindo a noite para aumentar o dia, conforme demonstra essa passagem de sua narrativa:

> [Eu] Saía às 10h10[21]. Chegava em casa mais ou menos às 11h30[22] porque eu andava, andava bastante para tomar

---

[21] 22h10
[22] 23h30

> um ônibus só. [Daí eu] Ia fazer janta, lavar roupa dos meninos... Minha vizinha sempre falava [...] assim: "Nó, a Solange está fazendo comida! Meia noite e tantas!" [...] Ah, tinha dia que eu dormia até em cima dos cadernos... Levantava no outro dia com o corpo todo duro... [Eu] chegava, fazia comida... Lavava roupa... Passava a roupa, tomava um banho [...]. Começava a estudar. Algumas vezes eu já amanheci debruçada na mesa em cima dos cadernos. Saía [para o trabalho] às 7h00 horas. [...] Eu nunca fui de dormir muito não! [...] Acho que não chegava nem a quatro horas por noite. (Solange)

Um outro elemento dificultador, cuja superação fez-se necessária da parte dos quatro egressos pesquisados, foi a redução do (já limitado) tempo livre para passar em família devido, tanto à frequência no curso, quanto às atividades que tinham a fazer nos finais de semana:

> Bom, eu tinha um tempo menor em casa, porque eu só ficava praticamente final de semana. [...] Eu chegava em casa à noite, fazia janta, arrumava a casa, tomava banho, lavava o banheiro, já deixava tudo preparado para no outro dia de manhã sair com a Emanuelle. Eu deixava ela na casa da dona que tomava conta dela, pegava a Marcele, deixava na creche lá na Pompeia e ia para o serviço. [...] À tarde, quando ele [marido] não trabalhava, ele pegava a Marcele para mim no jardim e levava a Emanuelle. Ele dava banho, ele ajudava assim com as crianças, assim, dava banho, levava para passear... Portanto a Emanuelle é mais apegada a ele nesse fato, que ela ficou mais próxima dele do que eu[23].

Ou seja, além de todo o cansaço da tripla jornada, Solange ainda se deparou com um distanciamento não proposital, mas necessário dos filhos, ficando impedida, durante o período em

---

[23] Emanuelle é a filha que tinha apenas cinco meses de idade quando Solange ingressou no PROEF II.

que estudou, de acompanhar de perto a criação e o cuidado dos mesmos. Com relação a esse ponto, é importante ressaltar que se trata, no nosso entendimento, de um forte traço de gênero característico da situação vivenciada por mulheres das camadas populares que, tendo família constituída, tentam dar prosseguimento à escolarização interrompida anteriormente.[24]

Pelas falas dos sujeitos da pesquisa e da maioria dos egressos contactados, depreende-se que, para superar as dificuldades com as quais foram se deparando, eles tiveram um forte aliado: os monitores-professores. Aparecendo nas narrativas e nos depoimentos como figuras sempre atentas, carinhosas e dispostas a fazer a mediação entre o aluno e o conhecimento, respeitando seu ritmo e contribuindo para a superação de seus limites, afora as raras críticas a eles dirigidas, os monitores-professores podem ser considerados, seguramente, como um dos grandes motivadores/facilitadores da passagem dos sujeitos da pesquisa pelo PROEF II.

> *E eu me lembro o cuidado que a Gláucia, professora de Português, teve, ela nos pediu um texto, uma redação, coisa desse tipo, eu fiz e ela, sem citar o meu nome, corrigiu meu texto no quadro mostrando para eu e os demais colegas os erros, coisas assim, grosseiras. E ela então [...] pega um texto meu que estava cheio de erros e coloca, começa a corrigir esses erros sem citar o meu nome. Ela coloca, ela conversou comigo antes, me chamou, falou assim: "Eu vou corrigir o seu texto mas não vou citar o seu nome". E mostrando para mim o carinho, o respeito [...] e mostrando para os colegas e para mim os erros.* (João)
>
> *Isso aí eu agradeço à Monitora de História. Eu tive uma Monitora no 3°, acho que foi turma II, se eu não me engano, é Verônica, Verônica o nome dela. Nó, mas o*

---

[24] É possível, inclusive, que essa realidade acabe por se somar aos demais obstáculos existentes, acabando por fazer que muitas dessas mulheres desistam de suas tentativas ou nem mesmo tentem elevar sua escolaridade. Contudo, trata-se de uma hipótese cuja confirmação requer mais estudos.

> *que ela deu de texto para a gente estudar! Mas aquilo, aquele troço assim! [...] Teve um dia que eu encontrei com ela, eu falei com ela: "Verônica, você me fez ficar tipo assim, afiado mesmo!" Tanto é que eu, eu passei a interessar tanto por História que eu passei em História no Supletivo ali acho que com 94 ou 95, não sei. Uma das matérias que eu mais adorava era isso, entendeu? Mas justamente por isso, porque quando você começa a ver os estudos dos textos, aí você começa a abrir sua mente.* (José)

> *Esse [meu] senso crítico, sabe, essa coisa de que... Não que você possa modificar o mundo, mas você pode modificar você mesmo e ali em torno de onde você está ali, pertinho de você, é possível [...] [Se deve] ao ter voltado a estudar [...]. [Eu consegui] Estudando. Graças a alguns professores.* (Maria)

> *Me chamou muito a atenção sobre o fato dos monitores serem alunos. Isso me chamou muito a atenção. Na época eu pensei assim: "Nó, será que eles vão saber ensinar para a gente direitinho?" Aí, depois eu vi que são pessoas aptas a fazer isso, certo? Porque os alunos, eles já estavam praticamente terminando os cursos, o que eles estava fazendo estavam dando para a gente, não é? Eles estavam muito mais assim dentro daquilo [...] E o que me chamou a atenção aqui foi esse fato, a gente tem mais liberdade de se expressar. Se a gente não soubesse, perguntava, eles vinham, ensinavam uma, duas, três vezes, entendeu?* (Maria)

Conforme as transcrições demonstram, apesar de serem todos alunos da Universidade que estavam, na prática, formando-se como educadores de jovens e adultos, os monitores-professores (conforme eram chamados) desempenharam, inegavelmente, um papel fundamental na escolarização dos sujeitos da pesquisa, havendo também muitas referências a eles nos questionários que foram respondidos pelos egressos contactados ao longo da pesquisa. Quer fosse na disponibilização de uma carona que facilitasse a vida, na escuta atenta, na adoção de uma postura pedagógica de respeito ou, ainda, na presença em todos os momentos, incluindo aí os de lazer, os monitores apareceram nas narrativas como coadjuvantes, cujo papel representado fora fundamental na caminhada dos sujeitos, contribuindo para a superação de parte dos obstáculos que se lhes apresentaram.

Essa constatação vai ao encontro da conclusão a que chegaram Llosa *et al.* (*op. cit.*) sobre a maneira como jovens e adultos que vivenciaram experiências de escolarização tardia na Argentina se referem aos docentes. Segundo a autora, na fala desses sujeitos,

> se destaca la importancia que la relación con el docente tiene para estos adultos que acceden a la *segunda chance educativa*; relación que sobrepasa el vínculo del conocimiento. Se señala una imagen positiva del docente no sólo centrada en los procesos de enseñanza y aprendizage sino en los aspectos afectivos. Los jóvenes y adultos hablan de un docente *escucha*, de un docente *continente* de sus problemáticas cotidianas y *consejero* para enfrentarlas. Aparece también el rol del docente respecto de la demanda, como facilitador del ingreso y estimulador de la continuidad de los adultos en las instancias educativas. (grifos das autoras, p. 17)

Considerações finais: "não basta oferecer escolas"...

Na difícil tarefa de definir um recorte para comunicar parte dos resultados da pesquisa, optou-se por privilegiar, por um lado, um dos aspectos que mais chamou atenção nos resultados da pesquisa, qual seja, a existência de inúmeros obstáculos, por um lado, e a existência/conquista de facilitadores que possibilitassem a construção de um delicado equilíbrio que permitisse aos sujeitos concluírem o que se haviam proposto. Certamente, para além dos elementos destacados nas narrativas (dos quais se fez uma seleção para a elaboração desse texto), muitos outros devem ter contribuído para tornar ainda mais complexa a construção desse equilíbrio, mas dado o lapso de tempo entre a vivência da experiência de escolarização tardia, às condições para que sua rememoração se fizesse e, ainda à seletividade da memória, não tivemos a possibilidade de apreendê-los.

De qualquer maneira, as questões apresentadas ao longo do texto são suficientes para atestar a necessidade não só de garantir a jovens e adultos, pouco ou não escolarizados, a oferta de oportunidades educacionais adequadas às suas necessidades, expectativas e especificidades, como também a importância de que tais oportunidades venham acompanhadas de uma política consistente de discriminação positiva, pois, conforme tentamos demonstrar até aqui, a oferta de oportunidades educacionais por si só (ainda que essas sejam formatadas em conformidade com as necessidades, expectativas e especificidades do público para o que se voltam) pode não ser suficiente para garantir o êxito dos alunos, entendido como permanência e conclusão do nível de ensino ofertado.

Portanto, se a inexistência de oportunidades educacionais acessíveis para jovens e adultos pouco escolarizados constitui uma grave negação de seu direito a uma formação escolar básica, regular, pública e de qualidade, a existência pura e simples de uma oportunidade dessa natureza não representa, por si só, uma resposta a esse direito, muito embora represente um passo bastante significativo em sua direção. O desenvolvimento de nossa pesquisa, portanto, nos ajudou a perceber, a partir de vivências concretas de demandatários da EJA, que, no caso desse público, conforme alertado por Sérgio Haddad,

> não basta oferecer escola; é necessário criar as condições de frequência, utilizando uma política de discriminação positiva, sob risco de, mais uma vez culpar os próprios alunos pelos seus fracassos. (HADDAD, 1998, p. 116).

REFERÊNCIAS

DAYRELL, Juarez Tarcísio. A escola como espaço sócio-cultural. In: DAYRELL, Juarez Tarcísio. (Org.) *Múltiplos olhares sobre educação e cultura.* Belo Horizonte: Editora UFMG, 1996, p. 136-161.

DUSCHATZKY, Silvia. *La escuela como frontera*: Reflexiones sobre la experiência escolar de jóvenes de sectores populares. Buenos Aires: Paidós, 1999.

HADDAD, Sérgio. Educação de pessoas jovens e adultas e a nova LDB. In: BRZEZINSKY, Iria (org.). *LDB interpretada*: Diversos Olhares que se entrecruzam. São Paulo: Cortez, 1998.

LLOSA, Sandra; *et al.* Estudio de la situación de la educación de jóvenes y adultos en la Argentina en un contexto de neoconservadurismo, políticas de ajuste y pobreza. Ponencia a presentar en Sesión "The Economics of Education in Latin America" LASA 2000 MIAMI, March 16-18. http://lasa.international.pitt.edu/Tracks2000/pol.htm

MICHELAT, Guy. Sobre a utilização da entrevista não diretiva em sociologia. THIOLLENT, Michel J. M. *Crítica metológica, investigação social e enquete operária.* São Paulo: Polis, 1980, p. 19-212.

WEBER, Silke. *Aspirações à educação* - Condicionamento do modelo dominante. Petrópolis: Vozes, 1976.

PROGRAMA de Educação *Básica de Jovens e Adultos.* Belo Horizonte: UFMG/PROEx/CP, FaE, 1996. (Mimeogr.)

SANTOS, Geovania Lúcia dos. A exclusão da escola e a reinserção em um programa de Educação de Jovens e Adultos entre adultos das camadas populares. Belo Horizonte: Faculdade de Educação/ UFMG, 2001. (Dissertação de Mestrado).

SOUZA, Marilena Proença *et al.* O resgate do desejo de aprender: Uma experiência educacional bem sucedida em uma classe de aceleração. CD-ROM 22ª REUNIÃO ANUAL DA ANPEd, Caxambu: MG., set. 1999.

ZAGO, Nadir. Processos de escolarização nos meios populares. In: NOGUEIRA, Maria Alice, ROMANELLI, Geraldo e ZAGO, Nadir (Orgs.). *Família e escola*: Trajetórias de Escolarização em Camadas Médias Populares. Petrópolis, RJ: Vozes, 2000, p. 17-44.

Sujeitos não alfabetizados:
sujeitos de direitos, necessidades e desejos

Maria Lúcia Silva Almeida

Vivemos numa sociedade em constante transformação social. Com as mudanças sociais, ampliam-se os usos da leitura e da escrita, exigindo sempre uma atualização de quem nela vive. Hoje, os avanços tecnológicos apontam novas formas de utilização da escrita, novos portadores de textos, novos gêneros textuais e, consequentemente, um maior uso da escrita nas interações sociais. Para o acesso aos bens produzidos historicamente, são necessários novos conhecimentos, novas informações, novos valores e novas atitudes frente aos textos que são lidos e produzidos.

Se há algumas décadas atrás saber ler e escrever era privilégio de poucos, hoje é uma das condições para se transitar numa sociedade na qual a leitura e a escrita são mediadoras de uma enorme gama de bens e serviços produzidos socialmente. Entre esses bens, poderíamos citar a saúde, a segurança, o trabalho, o lazer e as informações.

Porém, não podemos acreditar que de posse desse saber, o acesso aos bens citados será garantido, pois, além de saber ler e escrever, devemos lutar pela conquista de direitos que, numa sociedade excludente, ainda não estão efetivamente garantidos. Assim, agregadas as necessidades básicas de sobrevivência, surgem novas necessidades, incluindo as de leitura e escrita. Nesse sentido, discutir os significados que adultos atribuem ao processo de alfabetização pode nos auxiliar a compreender quais as necessidades e os desejos apontados por esses sujeitos, haja vista que são motivados a buscar cursos de alfabetização e, assim, verem satisfeitas suas expectativas em relação a esse aprendizado.

As reflexões que apresento neste artigo são parte da dissertação de mestrado apresentada na Faculdade de Educação[1], quando realizei uma pesquisa empírica com quatro alunos adultos de um curso de alfabetização. As idades variam de 27 a 65 anos de idade: José (27), Rosa (56), Maria (65) e Terezinha (62). Esses alfabetizandos estudavam em uma escola cuja organização das turmas não é fixa. Nessa escola, eram definidos alguns agrupamentos em torno de uma temática e os alunos se organizavam em subgrupos para aprofundamentos nas temáticas propostas. Não havia, dessa forma, um professor específico para uma única turma, logo não havia uma turma específica para alunos em processo de alfabetização. A partir dessa perspectiva, objetivava-se levar os alfabetizandos adultos a romper com o estigma de que têm um saber inferior aos demais alunos.

Todos os sujeitos da pesquisa são oriundos da zona rural[2]. Os relatos mostraram que tiveram participação restrita aos bens culturais produzidos socialmente. A experiência escolar

---

[1] Dissertação defendida em março de 2002: *Os significados atribuídos ao processo de alfabetização na voz do aluno adulto.*
[2] Maria, Terezinha e Rosa são do interior de Minas Gerais, e José é do interior da Bahia.

de todos eles também mostrou um aprendizado bastante rudimentar no que se refere à aquisição da escrita. Por outro lado, são sujeitos que detinham bagagem bastante significativa de conhecimentos. Eles levam para a sala de aula marcas de sua história de vida e das interações numa sociedade letrada. A mudança para Belo Horizonte, cidade onde há ampla utilização da leitura e da escrita, fez com que desenvolvessem algumas estratégias para atender às suas necessidades mais imediatas.

As necessidades de leitura e escrita apresentadas por eles têm estreitas relações com o cotidiano e ainda apresentam grande influência do meio sociocultural em que o indivíduo atua e atuou. Essas necessidades terão maior ou menor relevância em função das atividades em que os sujeitos estiveram e possam estar envolvidos. Isso nos leva a pressupor que o valor da escrita na sociedade e a participação em práticas de letramento interferem nos significados que os sujeitos adultos atribuem ao processo de alfabetização.

Em uma comunidade onde se faz pouca utilização da escrita – nesse caso, as cidades de origem – as demandas apontadas estavam prioritariamente ligadas às raras práticas sociais de escrita. As demandas se restringiam à leitura e à escrita de cartas, o que podia ser resolvido com a ajuda das poucas pessoas que, nesses contextos, sabiam ler e escrever. Esses eram momentos de solidariedade e de cooperação entre amigos, parentes, vizinhos. Em raros casos, a leitura era utilizada para o lazer (apenas um dos sujeitos comenta que seu pai fazia leitura de poemas para a família).

A inserção dos sujeitos no espaço urbano letrado aponta para uma ampla utilização da escrita. Dessa forma, surgiram novas demandas e passaram a se perceber como "sujeitos da falta"[3] (OLIVEIRA, 1992). Perceberam ainda, que precisariam,

---

[3] Oliveira aponta que o grupo cultural constituído pelos chamados analfabetos que vivem inseridos na sociedade industrial contemporânea tem, como discutimos anteriormente, um lugar social bem-definido e característica de não dominar

de alguma maneira, atender às demandas colocadas para garantir um mínimo de participação e satisfação das necessidades mais imediatas (assinar o nome, localizar um endereço, fazer compras). Motivados pela busca de trabalho, a locomoção nos grandes centros, realização de algumas tarefas diárias e pela utilização de alguns serviços, os sujeitos desenvolveram estratégias para enfrentar algumas dificuldades apresentadas em relação ao pouco ou quase inexistente domínio da escrita que possuíam. Assim, podemos perceber "de que maneira o domínio e o uso da linguagem escrita constitui e afeta a atividade do sujeito" (INFANTE, 2000, p. 118).

Dessa forma, é necessária uma reflexão sobre as práticas de escrita de que esses sujeitos participaram desde a infância. Segundo Infante (2000, p. 117), "para se compreender o alcance dos diferentes níveis de domínio que a escrita tem para os sujeitos e para as sociedades é preciso considerar seus contextos funcionais e os valores atribuídos a ela por indivíduos e instituições".

Infante (2000) distingue cinco contextos funcionais que nos auxiliarão na compreensão dos significados que os adultos atribuem ao processo de alfabetização: *contexto doméstico urbano, contexto comercial-burocrático, contexto do trabalho, contexto da participação social e contexto da educação institucional.*

Estratégias utilizadas para responder às demandas de leitura e escrita segundo os contextos funcionais

É necessário compreender o alcance que a escrita tem para os sujeitos e o que significa para tais pessoas ler e escre-

---

completamente o sistema simbólico da escrita. A identidade de um membro desse grupo se constrói, em grande parte, por uma negação: ele é não alfabetizado, **não** domina o sistema de escrita, **não** tem acesso a certos modos de funcionamento claramente presentes na sociedade em que vive (1992, p. 19).

ver, o que fazem ou pretendem fazer com a leitura e a escrita. Para tanto, analisaremos a relação deles com a escrita, desde a infância até a vida adulta, no *contexto do trabalho da vida diária* (que inclui o doméstico-urbano, o comercial-burocrático e a participação social) *e o da continuidade da educação*.

O contexto do trabalho

Esse contexto abarca atividades produtivas nas mais diversas áreas da economia e das atividades específicas de cada profissão, como também as ações voltadas para conseguir emprego e adaptar-se a ele. Com exceção de Maria, todos os sujeitos da pesquisa afirmaram a necessidade de aprender a ler e a escrever para atuar no mercado de trabalho. No momento da pesquisa, somente um dos sujeitos da pesquisa estava inserido no mercado formal de trabalho, sendo também o mais jovem dos pesquisados, José (27): os outros já estavam aposentados. José buscou a escola com o objetivo de atender efetivamente as novas demandas do mercado de trabalho, pois acreditava que a escolarização poderia garantir melhor colocação no mercado de trabalho.

> *Se num aprender, emprego bom num consegue não, consegue emprego ruim, porque é importante? Ah, pra tudo, pra arrumar um serviço melhor, viajar pra onde eu quiser. Ela é necessária? Pra fazer carta para algum colega meu, eu ia usar pro meu trabalho, se eu arrumasse um trabalho melhor, eu ia usar. Porque eles exige.* (José)

Das dificuldades apresentadas para inserção no mercado de trabalho, José relata o preenchimento da ficha de seleção e a leitura de alguns manuais de instrução que circulam no ambiente de trabalho. Para o preenchimento da ficha de seleção, contou com o auxílio do coordenador do setor no qual iria trabalhar. Para a leitura dos textos que circulam no ambiente de trabalho, ele contou com o auxílio dos colegas e com o desenvolvimento de estratégias, como a leitura lenta dos textos, auxiliado pela antecipação dos significados. Com relação à leitura do contracheque, não encontrou dificuldade, pois sabia o montante de descontos e o valor que iria receber. Entre as ações apontadas por José para se adaptar ao mercado de trabalho estão o aprendizado da leitura e da escrita e a conquista da carteira de habilitação. Com a ajuda da esposa e de parentes, decorou a legislação, no que foi bem-sucedido, obtendo, assim, a habilitação de motorista.

Terezinha também apontou as demandas de leitura e escrita no contexto do trabalho. Tinha necessidade de registrar os cálculos mentais que fazia, pois, dessa forma, teria a credibilidade dos fregueses do seu estabelecimento comercial. Podemos perceber que o valor social da leitura e da escrita e a capacidade de registrar cálculos interferiam nos significados, uma vez que, por não ter a habilidade de registrar, não tinha como provar que seus cálculos estavam corretos. Terezinha, então, buscou a escola, também para a confirmação de seu saber prático, pois esse aprendizado garantiria a credibilidade dos seus clientes.

> *Para mim fazer conta de cabeça eu fazia, sabe, mas quem ia acreditar na minha cabeça, que eu fizesse conta de cabeça, porque muita gente gosta de ter aquilo ali por escrito, né? E eu fazia de cabeça. Falava dá tanto. Aí que meu marido ia fazia a conta, porque meu marido sabia ler mais pouco, mais ele sabia fazer a conta e falava: Porque você tá duvidando dela? A conta dela aqui tá certinho. Meu menino também fazia. Porque ele estudava.* (Terezinha)

Rosa sentiu-se excluída do mercado formal de trabalho quando teve dificuldades no preenchimento de uma ficha de inscrição e, em outro momento, devido à escolaridade insuficiente. Maria não sentiu necessidade de leitura e escrita para o trabalho. Chegou em Belo Horizonte, já casada, dedicando-se às atividades do lar e àquelas ligadas ao trabalho informal (no caso, atividade de lavadeira na casa de família). Dessa forma, não havia uma relação direta entre a atividade exercida e o aprendizado da leitura e da escrita.

Em síntese, as demandas da leitura e da escrita nos contextos de trabalho refletem significados construídos a partir de relações estabelecidas nesse contexto, tais como: a inserção no mercado de trabalho, a credibilidade na atividade exercida e até mesmo a não utilização dessas práticas na atividade exercida. Tais significados, por sua vez, refletem valores, crenças e atitudes desses sujeitos e, ainda, novas motivações para superar suas dificuldades.

Contexto da vida diária

Aqui, incluímos o contexto *doméstico-urbano,* que abarca atividades mais cotidianas, tais como: cuidado e educação dos filhos, alimentação, saúde, trabalhos domésticos, manutenção da casa, manejo de eletrodomésticos, circulação na cidade. Ainda incluímos o contexto *comercial-burocrático,* que se refere às transações comerciais e financeiras, desde pequenas compras até aquelas que envolvem créditos, faturas e contratos e, ainda, outros tipos de transações bancárias, como pagamento de impostos, recebimento de pensões, seguros, solicitação de serviços e ações judiciais. Também observamos o contexto da *participação social,* que tem relação com diferentes tipos de associações civis, como partidos políticos, sindicatos, movimentos reivindicativos, associações de ajuda mútua, religiosas, culturais e recreativas.

Segundo Infante (2000, p. 121), para as pessoas com baixo grau de letramento, esse contexto refere-se, fundamentalmente, a práticas ligadas à oralidade para buscar informações diversas: qual ônibus tomar, qual remédio comprar, onde conseguir um emprego. Todos os sujeitos da pesquisa apontam que uma das primeiras necessidades em torno das práticas de letramento foi o aprendizado do próprio nome, pois, assim, poderiam assinar documentos e votar. Tal habilidade está estreitamente ligada à necessidade de *tirar os documentos:* carteira de identidade, carteira de trabalho e título de eleitor. O ato de marcar com a digital os documentos colocava-os numa condição inferior na sociedade, imprimindo-lhes o estigma de *analfabetos*, uma condição de *sujeito menor na sociedade*.

As estratégias utilizadas pelos sujeitos para aprender a assinar o nome restringiram-se basicamente ao aprendizado pela cópia. Na maioria dos casos, tiveram como mediadores desse aprendizado os próprios filhos. Esse aprendizado foi bastante significativo para os sujeitos, pois, assim, deixariam a condição de quem *"não sabia nem assinar meu nome"* para a condição de ter construído um saber que interfere na imagem que têm de si, contribuindo, dessa forma, para elevar a autoestima:

> *Teve uma vez que eu fui tirar, acho que num era a identidade não. Teve uma vez que eu fui tirar um documento. Minha cabeça tava tão ruim que num soube escrever meu nome, aí tive que bater meu dedo lá. Mas eu fiquei tão triste com isso, fiquei muito aborrecida com isso. Aí um dia eu falei assim: hoje eu vou aprender a escrever meu nome. O menino comprou um caderno e pôs meu nome na primeira folha. Eu escrevi o caderno todinho, meu nome todo. E desde aquele dia eu aprendi a escrever meu nome. Depois quando eu tirei a identidade eu já escrevi meu nome. Eu já sabia escrever meu nome.* (Maria)

No que se refere à locomoção nos centros urbanos, somente um dos sujeitos (José) afirma ter essa dificuldade, isso em função do desconhecimento da cidade. Os outros afirmaram não ter problemas nesse sentido, já que a informação oral é um dos recursos mobilizados. Para obter tais informações, recorrem a pessoas que podem fornecer uma informação mais segura, como, por exemplo, fiscais, polícia e garis. Se nas cidades de origem a locomoção se dava com maior tranquilidade, tendo em vista o espaço geográfico (na maioria dos casos comunidades bem pequenas[4]), na cidade grande, além do desconhecimento do espaço geográfico, outras formas de sinalização e limites se agregam aos saberes necessários para se ter sucesso nesse empreendimento[5]. As estratégias desenvolvidas por sujeitos com grau baixo de alfabetismo estão ligadas à memorização do itinerário, à verificação e à constatação da informação desejada por meio da comparação de símbolos[6], além da ajuda de pessoas *autorizadas*.[7]

> *Eu aprendi mais a andar na cidade e tudo por causa de ir no médico. Aí o médico falava assim o seu caso, do seu menino, você tem que levar nesse outro médico aqui, aí eu pegava e falava: então o senhor me dá o endereço com o nome da rua e tudo que eu vou. Chegava lá eu num perguntava as pessoa, qualquer pessoa da rua não sabe? Chegava perto dum guarda, chegava perto dum fiscal e perguntava. Ele falava assim: a senhora vai assim assim quando chegar lá a senhora vira aqui e volta ali e quando a senhora chegar tá um pouco na frente ali. Chegava, olhava lá, via, olhava para letra e os números tava lá, eu era sempre assim, sabe? Esperta. Olhava aqui, olhava lá, a letra e os números tava lá, e também tava aqui, era assim.* (Terezinha)

---

[4] Nas cidades de origem, as referências utilizadas eram bastante concretas (a venda do Seu Zé ao lado da igreja, a escola que ficava depois do córrego). Na cidade, fez-se necessário ler os vários símbolos apresentados para uma locomoção bem-sucedida.
[5] Numa cidade que se organiza em regiões, bairros, ruas, é necessário saber ler o nome da rua, o número do ônibus, o nome da instituição que se procura, além da compreensão dessas formas de sinalização, como a numeração das ruas, a numeração dos ônibus de acordo com as regiões, as cores dos ônibus, as placas de sinalização.
[6] Estratégia utilizada por um dos sujeitos, que comparava o nome da instituição por escrito ou ainda levar um papel no bolso com o endereço e pedir que alguém leia.
[7] Neste caso, estou me reportando à fala de um dos sujeitos que diz pedir informações somente aos policiais, fiscais e garis, pois os avaliava como pessoas autorizadas, ou seja, aquele que não lhe enganará ou saberá lhe informar o que deseja saber.

Essas e outras estratégias podem, de certa forma, camuflar um não saber, pois, em alguns casos, por vergonha de se assumirem como não alfabetizados, esses sujeitos utilizam-se de justificativas como: *esqueci meus óculos* ou *não entendo essa letra*.

A vida numa sociedade letrada coloca, a todo momento, a necessidade de buscar e processar informações escritas. Para sujeitos não alfabetizados, essas informações escritas, ao contrário de facilitar, apresentam-se como mais uma dificuldade. Nesse caso, é necessária a busca de informação que substitua a decifração da escrita. Para realizar as compras nos supermercados, eles recorrem também à busca de informação oral ou à percepção das diferenças observáveis nas embalagens e nos rótulos dos produtos.

> *Igual o queijo ricota eu sempre compro o queijo ricota. Eu sei qual é o queijo ricota, porque eu já comprei né. Aí eu chego lá e vejo que é o queijo ricota, mas eu sempre pergunto ainda, fico na dúvida. Ele tem lá as letras, né, R e tem as letras tudo, mesmo assim eu ainda pergunto, porque eu fico com medo de não ser.* (Maria)

Quanto às atividades sociais, nenhum dos sujeitos participa de organizações ou de associações de bairro. Quanto à religiosidade, as mulheres entrevistadas vão a cultos religiosos, sendo a leitura da bíblia um dos objetivos para se alfabetizarem:

> *Às vezes eu tenho vontade de ler um livro, num consigo, às vezes igual na minha igreja, para participar da escola dominical, eu num consigo ler a bíblia, as coisa que precisa. Porque na escola, às vezes eles dão aquelas coisas que tem na bíblia para a gente ler e aí a gente tem de ler. Às vezes pede para a gente ler aqueles pedacinhos e eu num consigo ler corretamente para todo mundo, ler gaguejando é feio, né? queria, para ler a bíblia corretamente, para saber tudo ali na bíblia, né.. a palavra de Deus, né? Porque a palavra de Deus é muito importante pro ce saber do princípio ao fim.* (Terezinha)

> *Às vezes igual na minha igreja, para participar da escola dominical, é eu num consigo ler a bíblia as coisa que precisa.* (Rosa)
>
> *Tenho muito vontade de lê a bíblia, de lê o folheto da igreja faz muita falta.* (Maria)

No que se refere à educação dos filhos, todos relataram a dificuldade em acompanhá-los na escola. Utilizaram-se de serviços de terceiros (aula particular) e do pouco conhecimento que tinham para, de alguma forma, participar do processo de escolarização dos filhos:

> *A minha menina até hoje ela fala porque ela chegou um dia chorando,. porque num dava conta de escrever o nome dela. Aí eu passei o nome dela e pus ela para copiar a folha inteirinha. Desse dia em diante ela aprendeu, até hoje ela fala que eu ensinei. Então eu acho que, se eu soubesse, eu teria ensinado mais.* (Rosa)

A continuação dos estudos

A continuação dos estudos abarca os sistemas de ensino formal e também as diversas instâncias de educação não formal. O contato permanente dos sujeitos com a leitura e a escrita na sociedade levou-os a perceber que as estratégias adotadas não supriam todas as demandas que continuavam a emergir. O acesso restrito às práticas de letramento na infância e na vida adulta, a experiência escolar anterior e a dos filhos interferiram na construção conceptual do que seja alfabetizar. Dessa forma, para esses sujeitos, o aprendizado da leitura e da escrita passa, prioritariamente, pelo aprendizado dos rudimentos da leitura e da escrita. É possível fazer tal afirmação tendo em vista que, nos relatos obtidos, os sujeitos reportam-se à alfabetização como o meio de aquisição dos primeiros rudimentos da leitura e da escrita (juntar letras, soletrar), tal e qual o vivido na primeira experiência escolar.

Assim, a busca pela escolarização passa pela necessidade do aprendizado das técnicas de *decodificar e codificar*. Os alfabetizandos tentavam, dessa forma, satisfazer essa necessidade bastante imediata participando de cursos de alfabetização. O sucesso na aprendizagem torna-se o elemento balizador para a permanência ou não na escola. Os sujeitos da pesquisa tiveram uma breve passagem pela escola na infância, o que não lhes garantiu o aprendizado da leitura e da escrita, portanto, partiram em busca disso na vida adulta. Todos acreditavam que somente a escola seria a instituição responsável pela aquisição desse saber. Nesse sentido, a permanência na escola estava vinculada à satisfação de suas expectativas mais imediatas. Nenhum deles participou de cursos não formais voltados para a profissionalização. Apenas Rosa apontou o desejo de participar de cursos de culinária, mas afirmou que não participou por não sabe ler e escrever:

> *Para participar de um curso não dá, se eu num consigo ler eu não dou conta de fazer, qualquer curso, curso, por exemplo, de culinária. Tem um curso que precisa, que a gente tem oportunidade de fazer, mas eu num consigo fazer, porque eu num sei escrever as coisas, né? Ainda tem muitas coisas que eu num dou conta de escrever.* (Rosa)

José relatou que, na infância, abandonou a escola para se dedicar ao aprendizado de um ofício e refere-se ao aprendizado profissional como algo significativo, em que obteve êxito, ao contrário do que lhe aconteceu com a alfabetização, pois retornou à escola com o objetivo de aprender a ler e escrever para se manter no mercado formal de trabalho, e não obteve o êxito pretendido. A continuidade dos estudos estava também condicionada à obtenção do *diploma* devido à representação deste certificado na vida dos sujeitos (reconhecimento social). Embora todos os sujeitos considerassem a escola um importante espaço de socialização, isso não garantiria a permanência e a continuidade dos estudos, e, sim, o êxito na aprendizagem inicial.

Graus de Alfabetismo e domínio atitudinal

Ribeiro (2000) aponta para domínios atitudinais que enfatizam a variedade de práticas de leitura e escrita a que se dedicam os sujeitos, variedade que depende também do seu grau de proficiência. Cabe considerar ainda, segundo a mesma autora, a existência da influência recíproca entre níveis de habilidades de leitura e práticas de alfabetismo, e que "tais práticas são tanto condicionadas pelos níveis de habilidade quanto pelas oportunidades de manutenção e desenvolvimento de habilidades adquiridas" (1999, p. 94).

Ela ainda salienta sobre a complexidade do fenômeno do letramento, que envolve tanto habilidades de natureza cognitiva, quanto atitudinais, nos quais os usos da linguagem são influenciados por práticas e padrões culturais mais amplos (1999) e a importância da escolarização, tendo em vista o papel que tem:

> não só de desenvolvimento de habilidades, mas também de conformação de hábitos, disposições e interesses relacionados ao alfabetismo e até mesmo na autoimagem que os sujeitos têm de si a esse respeito. Tal influência da escola nesses diversos aspectos compreende-se dado o fato de que, sem dúvida, ela é a principal agência promotora de alfabetismo em nossa sociedade. (1999, p. 123)

Essa autora define quatro domínios comportamentais, objetivando compreender como algumas funções psicológicas relacionadas a esses domínios são afetadas pelo acesso à cultura escrita, como se traduzem em comportamentos que os sujeitos justificam de acordo com suas percepções e valores (1999, p. 138). Tais domínios se referem a atitudes em relação à expressão da subjetividade, à informação, ao planejamento e controle e à aprendizagem.[8]

---

[8] Segundo Ribeiro, interessa saber, portanto, como os diferentes tipos de relação com a cultura escrita, associados também aos diferentes graus de habilidade de

Ribeiro (1999) define alguns graus de alfabetismo: baixo, médio-baixo, médio-alto e alto. Para tal categorização foram considerados "a intensidade e o tipo de uso que os sujeitos fazem da linguagem escrita para a definição das categorias, com base nas quais foram comparadas suas atitudes em relação a alguns domínios comportamentais específicos." (Ribeiro, 2000, p. 130).

Essa classificação permite, então, enfatizar a variedade de práticas de leitura e de escrita dos sujeitos. Variedade que, é bom apontar, depende também de seu nível de proficiência. Com relação aos sujeitos da pesquisa, esses têm um grau considerado baixo de alfabetismo. As práticas de leitura e escrita mais recorrentes referem-se a pequenos registros, assinaturas de documentos, leitura de dados bastante pontuais: valores em contas, preços, marcas.[9] Irei então enfatizar as atitudes em relação à aprendizagem, haja vista que a escola, como a principal agência promotora do alfabetismo, tem papel importante no processo de construção de significados em relação ao aprendizado da leitura e da escrita.

Atitudes em relação à aprendizagem

As questões que orientaram a percepção das atitudes dos sujeitos em relação à aprendizagem foram aquelas que se referiam

---

alfabetismo, influenciam e são influenciados pelas orientações atitudinais dos sujeitos. O foco da análise será a natureza recíproca das relações entre o alfabetismo e as atitudes manifestadas pelos sujeitos, uma vez que se tomam as atitudes como expressões pessoais de padrões culturais mais amplos, para os quais a linguagem escrita tem maior ou menor centralidade (2000, p. 39).

[9] No que se refere ao grau de alfabetismo considerado baixo, RIBEIRO aponta que o grau baixo de alfabetismo corresponde a pessoas cujos hábitos de leitura e escrita são restritos e quase exclusivamente relacionados às atividades profissionais, limitando-se a formas de registro bastante simples. O principal instrumento de comunicação, aprendizagem e informação é a oralidade, pautada no relato e no contato face a face. Os mecanismos de ensino/aprendizagem têm como base o saber prático, a observação e a experimentação (1999, p. 132).

à experiência escolar anterior, à visão que tinham do processo de alfabetização atual, à possibilidade de continuidade dos estudos e o que consideravam ser alfabetizados.

Com relação à experiência escolar anterior, todos os sujeitos da pesquisa afirmaram ter participado de alguma experiência na infância. Carregavam consigo algumas crenças sobre o aprendizado da leitura e da escrita marcadas pela experiência vivida ou ainda pela experiência escolar dos próprios filhos. Esses sujeitos tinham uma percepção da alfabetização como uma prática descontextualizada, ancorada numa visão puramente mecânica de alfabetização, ou seja, juntar letras para formar sílabas, juntar sílabas para formar palavras, juntar palavras para formar frases e juntar frases para formar o texto, acreditando ainda na necessidade da cópia e da memorização para garantir o aprendizado.

A experiência escolar anterior de Maria é marcada pelas práticas de memorização e cópia e reflete nas expectativas dessa aluna quanto ao atual processo de alfabetização:

> ... eu achava assim né... passar lá no quadro e ensinar a gente uma porção de vez lá igual era antigamente...
> (Maria)

A visão de Terezinha com relação ao que seja adequado aprender no processo de alfabetização vem carregada das suas impressões e também dos familiares, que, de certa forma, participam do seu processo de alfabetização.

> Sabe, na escola separada a gente aprendia mais, soletrar, ensinar a letra, mostrar a letra que completa a palavra, tudo, mas elas num tão fazendo isso. Num tá fazendo, elas querem que a gente lê. Aí depois elas fazem a gente decorar, elas lê lá até a gente decorar, elas vai lendo com a gente até a gente decorar aquilo ali. Saiu de lá você num sabe soletrar, tem que soletrar, né?

Embora carregassem consigo essa percepção da alfabetização, percebemos que a influência do processo de escolarização que estavam vivendo fez gerar alguns conflitos. Tais conflitos podem ser considerados positivos, na medida em que auxiliem na reelaboração das concepções quanto ao aprendizado da leitura e da escrita, tanto do ponto de vista dos educadores quanto dos educandos.

Percebemos que todos os sujeitos apontaram alguns questionamentos com relação ao processo de escolarização que estavam vivendo. Para eles, alterações nesse processo poderiam se reverter em resultados considerados mais positivos com relação à aprendizagem. Reafirmaram a necessidade de mudanças na organização das turmas, pois só assim haveria condições para aprendizagem:

> *Num sei... por causa.... se elas tivesse olhando... cuidando dando aula só dos analfabeto a gente já tinha aprendido alguma coisa.* (Maria)

> *... o que eu sonho em relação a essa escola é só melhorar a nossa sala e pronto... eu quero que ela melhore o nosso ensinamento só do.... eu quero aprender tudo...* (José)

> *Eu quero assim escrever qualquer coisa que eu passar a mão e escrever e ler e saber o que que eu tô escrevendo, que eu tô fazendo, que que eu tô escrevendo, sabendo que eu tô escrevendo e que eu tô lendo, porque em comparação... eu tenho uma carta para mandar pra roça, ali eu num preciso mandar ninguém escrever eu mesmo pego escrevo aí eu já sei tudo que eu tô escrevendo. Você tem um livro... às vezes você ... às vezes você quer saber o que tem no livro, você num sabe o que é que tem, né? É isso tudo às vezes chega um jornal, tem muita notícia boa e você num sabe ler um jornal, você pega um jornal e você num sabe o que é que tem no jornal. Ah, quando eu tiver lendo as coisa, lendo já qualquer coisa assim, penso se ler corretamente assim qualquer uma coisa*

que eu pego e leio. É assim que eu quero. Eu vou ficar toda satisfeita de saber assim ler corretamente, porque é muito importante. Ah, eu sinto triste assim, sabe? De num saber... a gente querer saber uma coisa assim e num saber... (Terezinha)

Olha, tem coisa que eu acho que é boa. Participar junto com os colegas, igual fazer trabalho junto com os colegas, mas na hora mesmo de escrever, de ler assim no quadro os textos, aí para mim é muito difícil. É muito difícil para mim porque eu num consigo pegar as coisas, as coisas que eles dão, que é mais difícil para mim, que eles sabe, tem vez que eu fico perdida, sem saber, tenho que pedir ajuda aos professores para fazer. Eu num sei, eu tenho dificuldade de aprender rápido, eu acho que eu tenho. Eu aprendi um pouco, mas assim nesses dois anos que eu tô aqui era para mim saber mais, né. Não sei, talvez seja por isso que eu te falei, porque muitas coisas assim misturado, eu perco. (Rosa)

No que se refere às atividades que envolviam alunos com graus de alfabetismo diferenciados, os sujeitos diziam que era *tudo misturado*. Durante a observação de uma atividade desenvolvida num agrupamento em que participavam alunos com diferentes graus de alfabetismo, observamos que os alfabetizandos ficavam bem próximos uns dos outros, geralmente na mesma fila, fazendo um subgrupo no grupo maior. Eles participavam pouco das atividades e em alguns casos não eram percebidos pelos professores como alunos não alfabetizados. Assim a atividade proposta era direcionada à turma que já sabia ler e escrever com uma certa proficiência. Na atividade, os alunos deveriam listar para a professora as dificuldades que tinham na produção de texto. Foram listadas dificuldades tais como: *pontuação, paragrafação, acentuação, correção ortográfica, ampliação das ideias do texto*. Depois, foi distribuída uma folha de papel ofício na qual alunos deveriam reescrever um texto considerando tais aspectos. Os alfabetizandos não se manifestaram quanto às dificuldades e a folha de papel permaneceu branca até o final da aula. Nesse dia, eles se sentaram na primeira fila, mesmo assim só foram percebidos pela professora nos cinco minutos finais da aula. Isso causou um certo constrangimento na professora, que, ao percebê-los, tentou incluí-los na atividade. Mas o tempo esgotou. Durante a aula, um dos alfabetizandos cochilou, outro olhava para a folha de papel em branco, como se quisesse perceber ali alguma pista que o auxiliasse na execução da tarefa, outro observava a professora sem se manifestar e outra tentava ler um cartaz que havia na sala de aula. Em síntese, os alfabetizandos não participaram dessa atividade. Nesses momentos, não consideraram ter havido aprendizagem. Em outros momentos, demonstravam insatisfação com relação à organização das turmas: *"mudar de sala, não", "Nós vamos ficar quietinhos, aqui em paz", "Não quero ficar humilhada perto dos outros"*. Assim os alunos sinalizaram o desejo de manter o seu agrupamento envolvido com atividades específicas para a turma de alfabetização.

Quanto à possibilidade de dar continuidade aos estudos, existe uma certa unanimidade em querer continuar. Todos afirmaram que querem *tirar o diploma*. O papel que o diploma representa para eles está estreitamente ligado ao reconhecimento social pelo esforço empregado, quer seja no campo profissional, quer no familiar, talvez um ajuste de contas: *"todos na minha família tirou, só eu que não". "Não tirei quando pequena agora eu quero tirar". "As pessoas não duvidarão mais de mim, pois eu posso mostrar o diploma"*. Percebemos também que uma das motivações para dar continuidade aos estudos seria a possibilidade de socialização que estavam tendo, o contato com as pessoas, as novas amizades, o carinho pelos professores. Porém essa motivação não supera aquela vinculada ao êxito na aprendizagem inicial, ou seja, ao aprendizado da leitura e da escrita.

Os significados atribuídos ao processo de alfabetização

Por meio dos relatos, foi possível captar os significados que os alunos adultos atribuem ao processo de alfabetização. Percebemos algumas semelhanças nas estratégias e motivações para a busca da alfabetização.

Todos os sujeitos da pesquisa são de origem rural, geralmente de localidades onde se fazia pouca utilização da leitura e da escrita. Tiveram uma passagem pela escola na infância, mas não obtiveram êxito no aprendizado da leitura e da escrita. Aprenderam a assinar o nome de forma a ocultar a condição de não alfabetizados. Esse aprendizado ocorreu por meio da cópia com o auxílio dos familiares. A necessidade do aprendizado da leitura e da escrita torna-se mais concreta com a mudança para Belo Horizonte, onde a ampla utilização da escrita colocou para eles novas demandas.

Esses sujeitos ressentem-se por não saberem ler, escrever e registrar os cálculos. Todos se consideram analfabetos. José adota algumas estratégias para ler e interpretar textos, mas não se reconhece como leitor. No que se refere às necessidades diárias, esse grupo se sente insatisfeito com o seu desempenho em relação a algumas demandas de leitura e escrita presentes no cotidiano, tais como realizar compras, localizar endereços, participar de cultos religiosos.

As estratégias utilizadas para buscar informações estão basicamente associadas à oralidade. Essas estratégias configuram-se como uma forma de lidar com os desafios provenientes da sociedade letrada, conforme Oliveira:

> Obviamente que, enquanto consumidor da palavra escrita, o analfabeto está em desvantagem em relação àqueles indivíduos que, tendo passado por um processo regular de escolarização, dominam a lógica do mundo letrado. Mas ele sabe coisas sobre esse mundo, tem consciência

de que não domina completamente o sistema de leitura e escrita e está, ativamente, buscando estratégias pessoais para lidar com os desafios que enfrenta nas esferas da vida que exigem competências letradas. (1992, p. 18)

A percepção que esses sujeitos têm da escola é permeada pelas experiências escolares anteriores, portanto as expectativas em torno das atividades passam por crenças que não se configuraram na escola. Para a satisfação das expectativas em torno da leitura e da escrita, remetem-se às metodologias de ensino presentes na escolarização anterior, na qual o ensino da leitura e da escrita restringia-se a memorização e cópia.

A não satisfação das necessidades mais imediatas levou-os a se titularem sujeitos incapazes de aprender, o que, na fala deles, os levaria a abandonar as aulas. Acreditavam também que uma mudança na metodologia de ensino poderia alterar esse quadro.

Foi possível perceber nas falas e atitudes a ausência de uma negociação. Negociação entre as necessidades apontadas pelos aprendizes e a proposta teórico-metodológica da escola, pois, em determinadas situações, os alfabetizandos não se percebiam como aprendizes e nem sabiam por que estavam ali. Estando insatisfeitos e não reconhecendo suas necessidades satisfeitas, se ausentavam da escola. Dessa forma, continuaram a atribuir ao processo de alfabetização somente a possibilidade de aquisição dos rudimentos da leitura e da escrita. Eles não se consideram alfabetizados e, estando desestimulados no que tange ao aprendizado da leitura e da escrita, negavam-se a dar continuidade aos estudos, utilizando o velho rótulo: *minha cabeça não está boa mais para isso*.

Nesse contexto, é necessário refletir em torno de algumas questões: Como poderá a escola atuar de forma a perceber a especificidade do processo de alfabetização de adultos e propor negociações que atendam às reais necessidades de tais sujeitos? Como poderá a escola levar o aluno a se reconhecer como sujeito de direito? Sujeito de necessidades? E reconhecê-lo como sujeito de direitos, desejos e necessidades? Como ampliar o conceito de leitura e de escrita dos alunos adultos? Como garantir um êxito inicial, contribuindo para a permanência do adulto na escola? Essas e outras perguntas podem nos levar a considerar a especificidade do processo de alfabetização de adultos no âmbito da Educação de Jovens e Adultos. Pode nos levar a propor estratégias de atuação e intervenção no processo de aprendizagem desses sujeitos, garantindo, assim, na escola, um espaço de participação, de luta e de conquista de direitos.

Embora estejamos tratando de Jovens e Adultos, não podemos desconsiderar que educandos não alfabetizados apresentam necessidades e desejos diferenciados do educando já alfabetizado. Suas necessidades e desejos interferem nos significados que atribuem ao processo de alfabetização, contribuindo, de certa forma, para a permanência ou não na escola. Garantir a especificidade do processo de alfabetização de adultos significa elaborar propostas que considerem a realidade e o saber do alfabetizando adulto. Isso representará também a possibilidade de diálogo com as necessidades apontadas por esses sujeitos, considerando sua legitimidade na elaboração e na implementação das propostas, propiciando ainda a percepção do educando como educador e do educador como educando. Dessa forma, saberes considerados rudimentares no processo de alfabetização ganham outra conotação, haja vista que, desse aprendizado, ou melhor, do êxito na aprendizagem, dependerá a autoimagem do educando e a possibilidade de permanência e continuidade dos estudos.

Não seria o caso de adequar os sujeitos, enquadrá-los ou rotulá-los de *analfabetos,* atribuindo a essa palavra o sentido marginal que nela percebemos na sociedade, mas, sim, levá-los a reconhecerem-se como sujeitos ativos no processo, que podem atuar e participar na construção de uma escola que reconheça a especificidade da alfabetização de adultos. Este talvez seja o grande desafio da Educação de Jovens e Adultos, conforme propõe Ribeiro:

> Para atingir os níveis de habilidades de leitura e escrita que permitam seu uso autônomo em situações diversas e para sedimentar as atitudes correspondentes, não são suficientes intervenções fugazes e assistemáticas. Programas que visem à alfabetização de adultos precisam, portanto, articular mecanismos de continuidade de estudos, preferencialmente visando à continuidade da escolaridade obrigatória. Um, dois, três anos pode ser despendido para atingir um nível básico de habilidade, para o que se requerem cursos presenciais, ajuda constante de um leitor proficiente e participação numa comunidade de leitores, na qual se possa aprender e negociar os significados da palavra escrita. (RIBEIRO, 1999, p. 241)

Assim, refletir sobre as necessidades básicas de aprendizagem de jovens e adultos é um fator de extrema relevância, já que os programas de alfabetização de adultos devem objetivar a participação dos sujeitos não alfabetizados nas práticas de leitura e escrita numa sociedade letrada. Atender às necessidades de adultos em processo de alfabetização é também garantir o sucesso no processo de aprendizagem. Daí a importância de definir conceitos, garantir propostas curriculares, projetos político-pedagógicos que coadunem com as reais necessidades dos alfabetizandos.

Não podemos deixar de considerar todos os aspectos envolvidos na construção da escrita. Portanto, desde o início do processo de alfabetização, durante o processo de elaboração de programas voltados para a alfabetização, é necessário ter a clareza de que a alfabetização é um ato político e, como tal, um ato de conhecimento, no qual todos os atores envolvidos participam de forma democrática da sua construção, desde a organização dos tempos e espaços escolares até a construção e a organização curricular. As habilidades a serem desenvolvidas na produção de sentidos na leitura e para a produção de textos devem ser consideradas na sua totalidade, como práticas sociais, e não somente como técnicas de codificação e decodificação a serem memorizadas, conforme (SOARES, 1984):

> Uma teoria coerente da alfabetização deverá basear-se num conceito desse processo suficientemente abrangente para incluir a abordagem "mecânica" do ler/escrever, o enfoque da língua escrita como meio de expressão/compreensão, com especificidade e autonomia em relação à língua oral, e, ainda, os determinantes sociais das funções e fins da aprendizagem da língua escrita (1984, p. 21).

Embora saibamos que as práticas de leitura e escrita não se restringem somente às técnicas de decodificar e codificar, a alfabetização envolve também o aprendizado dessas habilidades. Portanto, o fato de não haverem conquistado esse saber, faz com que não se reconheçam como leitores. Nesse sentido, Soares (1985) aponta que:

> sem dúvida, a alfabetização é um processo de representação de fonemas em grafemas, e vice-versa, mas é também um processo de compreensão/expressão de significados através do código escrito. Não se consideraria "alfabetizada" uma pessoa que fosse apenas capaz de decodificar símbolos visuais em símbolos sonoros, "lendo", por exemplo, sílabas ou palavras isoladas, como também não se consideraria "alfabetizada" uma pessoa incapaz de, por exemplo, usar adequadamente o sistema ortográfico de sua língua, ao expressar-se por escrito. (1985, p. 21)

Percebemos que as iniciativas na área de alfabetização de adultos no Brasil têm consonância com várias razões sociais, políticas e culturais. Articula-se a alfabetização da população à conquista da cidadania, delegando à leitura e à escrita o poder de incluir o sujeito na sociedade capitalista. No entanto, não podemos esquecer que o analfabetismo não é responsável pelas mazelas da sociedade, mas, sim, consequência da estrutura social, que é extremamente excludente. Dessa forma, não podemos deixar de considerar que as transformações sociais mais amplas não decorrem de campanhas de erradicação do analfabetismo e, sim, de mudanças estruturais na sociedade. Seria impossível pensar em erradicação do analfabetismo sem reformas no sistema de ensino, que é também excludente. Excludente porque produz novos contingentes de jovens analfabetos ou aqueles que são caracterizados por uma escolaridade insatisfatória. Por isso, o maior problema não é, basicamente, o acesso, mas a permanência na escola, uma vez que, após sucessivos fracassos, o aluno a abandona. No entanto, isso não nos impede de considerar a possibilidade de a leitura e a escrita interferirem na atuação do sujeito e de possibilitarem uma participação qualitativamente melhor numa sociedade grafocêntrica, incluindo essas habilidades no campo dos direitos. Nesse sentido, Freire salienta que:

> na medida em que possibilita uma leitura crítica da realidade, se constitui como um importante instrumento de resgate da cidadania e que reforça o engajamento do cidadão nos movimentos sociais que lutam pela melhoria da qualidade de vida e pela transformação social. (FREIRE apud KLEIMAN, 1995, p. 48)

REFERÊNCIAS

AIMEIDA, Maria Lúcia S. de. *Os significados atribuídos ao processo de alfabetização na voz do aluno adulto*. Belo Horizonte: Faculdade de Educação/UFMG, 2002. (Dissertação de Mestrado)

FREIRE, Paulo. *Pedagogia da Autonomia*. Rio de Janeiro: Paz e Terra, 1997.

FREIRE, Paulo. Desafios da educação de adultos frente à nova reestruturação tecnológica. *Seminário Internacional de Educação e Escolarização de Jovens e Adultos*. São Paulo: IBEAC, 1996.

FREIRE, Paulo. *Educação como prática de Liberdade*. Rio de Janeiro: Paz e Terra, 1967.

INFANTE, M. Isabel (Coord.). *Alfabetismo funcional en siete países de América Latina*. Santiago: UNESCO, 2000.

OLIVEIRA, Marta Kohl. Analfabetos na sociedade letrada: diferenças culturais e modos de pensamento. *Travessia*. Jan./Abril. 1992.

FREIRE, Paulo. Jovens e adultos como sujeitos de conhecimento e aprendizagem. *Revista Brasileira de Educação*. n. 12. São Paulo: Universidade de São Paulo, 1999.

RIBEIRO, Vera Masagão. *Alfabetismo e Atitudes*. Campinas: Papirus/Ação Educativa, 1999.

RIBEIRO, Vera Masagão. *Educação de Jovens e Adultos Novos leitores, novas leituras*. Campinas, SP: Mercado de Letras: Associação de leitura do Brasil – ALB; São Paulo: Ação Educativa, 2001.

SOARES, Magda B. As muitas facetas da alfabetização. *Cadernos de Pesquisa,* n. 52, fev. 1985 .

SOARES, Magda B. Linguagem e escola – uma perspectiva social. São Paulo: Ática, 1986.

SOARES, Magda B. *Letramento – um tema em três gêneros*. Belo Horizonte: Autêntica, 1998.

Educação de Jovens e Adultos e Gênero:

um diálogo imprescindível à elaboração de políticas educacionais destinadas às mulheres das camadas populares

Vera Lúcia Nogueira

Este capítulo aborda parcialmente a temática desenvolvida na pesquisa[1] sobre a influência da condição feminina na busca de escolarização realizada por mulheres adultas, moradoras da periferia da cidade de Belo Horizonte. Mulheres que enfrentaram toda sorte de dificuldade para conseguirem se matricular e permanecer num curso noturno de Educação de Jovens e Adultos – EJA, de uma escola pública noturna.

Alguns dos objetivos desta pesquisa foram: contribuir para a produção de conhecimento sobre as limitações e as dificuldades enfrentadas pelas mulheres adultas das cama-

---

[1] Trata-se de uma pesquisa inserida no âmbito da Educação de Jovens e Adultos, realizada no Programa de Pós-graduação: *Conhecimento e inclusão social em educação*, da Faculdade de Educação da Universidade Federal de Minas Gerais, que originou a dissertação intitulada: *Mulheres adultas das camadas populares*: a especificidade da condição feminina na busca de escolarização, concluída em julho de 2002.

das populares, que "insistem" em querer exercer o direito à educação; oferecer subsídios para a integração das áreas de estudo de gênero e de educação de jovens e adultos; e por fim, acrescentar elementos para as discussões sobre uma política educacional de EJA com enfoque de gênero, isto é, uma política que reconheça a existência de relações de hierarquia e desigualdade entre homens e mulheres, que se expressam em opressão, injustiça, subordinação e discriminação das mulheres, na organização genérica das sociedades.

A alfabetização da mulher na pauta das conferências

A questão relacionada à educação da mulher, em especial à alfabetização, vem ocupando espaço privilegiado, desde a última década do século passado, na agenda das grandes conferências internacionais e dos organismos nacionais.

De fato, como fruto das reivindicações e da pressão dos diversos grupos sociais que defendem a valorização da mulher e o reconhecimento dos seus direitos, a condição feminina passou a constituir tema obrigatório na agenda internacional da Organização das Nações Unidas – ONU, levando à sua incorporação nos vários eventos realizados desde a década de 1970[2]. Na IV Conferência Mundial Sobre a Mulher, reali-

---

[2] Agenda Internacional da ONU voltada para a mulher a partir da década de 1970: I Conferência Internacional da Mulher (México-1975) e Ano Internacional da Mulher, proclamado pela Assembleia Geral da ONU e incorporação de assuntos relativos à mulher no programa da ONU; Decênio das Nações Unidas para a Mulher (1976/85) e iniciativa para exame da condição e dos direitos da mulher; II Conferência (Copenhagen – 1980), aprovação da Convenção sobre a Eliminação de Todas as Formas de Discriminação Contra a Mulher, que entrou em vigor em 1981; III Conferência (Nairobi – 1985): Exame e Avaliação dos Resultados do Decênio para a Mulher e aprovação das Estratégias orientadas para o futuro, tendo em vista o progresso da Mulher até o ano 2000; IV Conferência Mundial da Mulher (1995).

Outros eventos que incluíram a discussão sobre a condição feminina em suas pautas, na década de 1990: Cúpula Mundial pelas Crianças (1990), Conferência sobre Educação para Todos (1990), Conferência do Meio Ambiente e Desenvolvimento (1992), Conferência Mundial de Direitos Humanos (1993), Conferência Mundial sobre Necessidades Especiais da Educação: Acesso e qualidade (1994),

zada em Beijing (China, 1995), a Plataforma de Ação firmou a noção dos direitos das mulheres como direitos humanos, reconheceu que raça e etnia são fatores de desigualdade e discriminação, enfatizou a igualdade entre os gêneros na esfera econômica e recomendou que fossem dedicados recursos adicionais a programas de promoção de igualdade de gênero e de fortalecimento político das mulheres.

No tocante à educação, a IV Conferência reafirmou a recomendação da Conferência sobre Educação para Todos (Jomtien, 1990), na qual a educação da mulher emergiu como uma das prioridades-chaves para o desenvolvimento econômico e propôs a redução da taxa de analfabetismo feminino pelo menos à metade da taxa de 1990, especialmente entre as mulheres das zonas rurais, migrantes, refugiadas e deficientes. Entre as medidas a serem adotadas, sugeriu, também, o estímulo à alfabetização dos adultos e de todos os membros da família, além da ampliação e da definição de alfabetização incorporando conhecimentos práticos, científicos e tecnológicos (Conferência Mundial Sobre a Mulher, 1996).

A V Conferência Internacional da Educação de Adultos (V CONFINTEA), realizada em Hamburgo (Alemanha, 1997), reconhecendo a necessidade da educação da mulher, também destacou:

> *la sociedad depende de su contribución plena en todos los campos del trabajo y todos los aspectos de la vida. [...] Las políticas de educación de jóvenes y adultos deberían ser receptivas frente a las culturas locales y dar prioridad a la extensión de las oportunidades educativas para todas las mujeres, respetando su diversidad y eliminando los prejuicios y estereotipos*

Cúpula Mundial sobre Desenvolvimento Social (1995), Encontro Intermediário do Fórum Consultivo Internacional de Educação para Todos (1996), Conferência Internacional de Educação de Adultos (1997) e Conferência Internacional sobre Trabalho Infantil (1997). (Marco de Ação de Dakar, 2000)

> *que limitan su acceso a la educación [...] Se debe considerar inaceptable cualquier tentativa de limitar el derecho de las mujeres a la alfabetización, la educación y la capacitación, y adoptar prácticas y medidas correctivas al respecto.*[3]

O Relatório para a UNESCO, da Comissão Internacional sobre Educação para o Século XXI, reafirmou a necessidade de se garantir o princípio da equidade, como forma de suprimir todas as desigualdades entre os sexos no tocante à educação, reconheceu e reiterou a existência da correlação entre pobreza e analfabetismo e do retorno social advindo das políticas destinadas à educação da mulher e, além disso, ratificou as recomendações da Conferência de Beijing quanto à promoção da igualdade de acesso às mulheres à educação e à eliminação do analfabetismo feminino, à garantia do acesso das mulheres à formação profissional, ao ensino científico e tecnológico e à educação permanente (DELORS, 2000).

Os variados discursos em prol da educação feminina destacam que a alfabetização da mulher, além de influenciar de maneira positiva nos índices de matrícula, na assistência, na permanência e no rendimento escolar dos filhos, possibilitaria a diminuição nos índices de natalidade e contribuiria para melhorar a nutrição e a saúde familiar, pois é à mãe a quem sempre cabem os cuidados com a alimentação, a higiene e a saúde dos filhos e dos familiares (SCHMELKES, 1996; RIVERO, 1998; TORRES, 1999; DI PIERRO, 2000; ROSEMBERG, 2001; 2001a). Diante disso, é indubitável o reconhecimento da necessidade de se implementarem políticas públicas que objetivem eliminar as discriminações contra as mulheres, inclusive as desigualdades de gênero em relação à alfabetização e à educação mais geral.

---

[3] Conferência Internacional da Educação de Adultos, 1997, p. 20.

A educação da mulher no cenário nacional

O Brasil, signatário das diversas conferências internacionais, tem procurado responder aos compromissos firmados quanto às questões de gênero e, na tentativa de promover a igualdade entre os sexos, tem realizado várias modificações constitucionais e jurídicas, procurado ampliar os espaços no mercado de trabalho, a área de atuação política (com a lei de cota), além de promover o crescimento das oportunidades de educação. Entretanto, embora o país apresente uma legislação avançada, em termos de igualdade formal, ele ainda encontra-se no 53º lugar no índice mundial de igualdade entre os gêneros e, considerando o contexto latino americano, ocupa o 6º lugar, ficando atrás do Uruguai, da Argentina, da Venezuela, do Chile e da Colômbia (PETERSEN, 1997).

No campo da educação, com relação ao acesso de ambos os sexos, o país conseguiu praticamente universalizar o ensino fundamental, fruto da política educacional adotada com vistas a garantir a democratização do acesso à educação para todos. Segundo dados do Censo 2000, o país chega, no início deste milênio, à universalização desse nível de ensino com um atendimento escolar de quase 95% das crianças de 7 a 14 anos. Entretanto, segundo Rosemberg (2001), o sistema educacional brasileiro, apesar de ter obtido a igualdade de oportunidades para ambos os sexos, ainda ostenta desigualdade quando se analisa a questão do pertencimento racial e da origem econômica.

As mulheres correspondem, atualmente, a mais da metade da população brasileira, que está em torno de 170 milhões de brasileiros. Os indicadores sociais revelam o aumento do número de pessoas alfabetizadas – que afirmam saber ler e escrever um bilhete simples – no país. As pessoas com dez anos e mais, consideradas alfabetizadas em 1991, compareciam com 80,3%, já em 2000 esse índice passou para 87,2%, ou quase 120 milhões de brasileiros. Nesse grupo etário, a taxa de alfabetização é de aproximadamente 87,5% para as mulheres e 86,8% para os homens. Isso confirma a vantagem feminina em termos de escolaridade e a tendência à equalização que vem se verificando nas últimas décadas. Por outro lado, os números indicam que ainda há 12,8% de brasileiros analfabetos, o que representa a segunda maior taxa de analfabetismo da América do Sul, seguida somente pelos 14,4% da Bolívia.

De acordo com as informações do Censo, divulgadas pelo Boletim *Informação em Rede*, da Ação Educativa, em janeiro de 2002, as taxas de analfabetismo da população de 15 anos e mais caíram *quase sete pontos na última década, passando de 20,1% em 1991 para 13,6% em 2000 (praticamente o mesmo índice de 1996)*. O que revela o não cumprimento do compromisso assumido pelo país nas Conferências de Jomtien e Copenhagen relativos à redução do índice de 1996 e às desigualdades regionais e de gênero. A proporção de pessoas analfabetas já é significativamente menor entre as mulheres do que entre os homens em todos os grupos com até 39 anos de idade. Apesar disso, o analfabetismo ainda sofre impactos relativos à região fisiográfica, ao nível salarial, à zona domiciliar e ainda preserva o legado do passado escravagista do país. Nesse último caso, o gênero combinado à raça contribui determinantemente para a discriminação e para o analfabetismo feminino.

O que se pode perceber é que as novas gerações do sexo feminino estão conseguindo transformar uma situação histórica de desigualdade, na qual os índices de analfabetismo feminino sempre foram maiores do que os masculinos. Essa tendência à equiparação e à superação vem ocorrendo desde os anos de 1940, quando o país iniciou o processo de democratização do sistema de ensino. Com relação à média de anos de estudo, as mulheres reverteram uma situação que predominava até o final dos anos 80, quando os homens se encontravam em vantagem. A consolidação da educação feminina ficou evidenciada no período de 1990 a 1996, quando a média de anos de estudo aumentou de 5,1 para 5,7 entre os homens e de 4,9 para 6,0 entre as mulheres, o que indica que elas deram um salto de quase um ano, enquanto eles avançaram meio ano. Médias, todavia, abaixo do mínimo estabelecido pela Constituição Federal, que é de oito anos.

Gênero e políticas públicas para a Educação de Jovens e Adultos

As políticas de democratização do ensino vêm privilegiando as crianças na faixa etária obrigatória, no entanto, de acordo com o Relatório Nacional Pequim + 5 (2000, p. 22), o mesmo não vem ocorrendo em relação ao analfabetismo da população adulta feminina pois "o combate ao analfabetismo de mulheres adultas, por se tratar de um contingente da população com necessidades muito específicas e limites próprios [...], exige políticas muito bem-planejadas para se conseguir a atração e a manutenção desse público-alvo." Dessa forma, o documento reconhece que o maior sucesso da atuação federal se deu em termos das políticas mais amplas e gerais, como a ampliação do acesso à educação da população e o combate às discriminações de gênero e raça em livros didáticos[4]. Já a política "de menor sucesso na educação foi o combate ao analfabetismo, entre mulheres adultas e mulheres negras de todas as idades" (idem, p. 3).

Os elevados índices de analfabetismo feminino, presentes no grupo etário mais velho da população, deveriam ser motivos

---

[4] O sexismo, veiculado em livros didáticos, é alvo de pesquisas desde os anos de 1970, quando as teorias reprodutivistas em educação estavam em alta no meio acadêmico brasileiro. No final de 80, o MEC criou uma comissão para avaliar essa questão (Rosemberg, 1992). Na última década, o governo federal implementou um sistema de avaliação com vistas a combater o racismo e o sexismo nos livros didáticos.

suficientes para que se priorizassem, nas políticas públicas voltadas para o atendimento das pessoas jovens e adultas, às mulheres inscritas nesse grupo, em cumprimento ao princípio constitucional que lhes assegura o direito à educação. Entretanto, se no contexto mais geral da área da Educação de Jovens e Adultos, nos deparamos com a ausência de uma política nacional articuladora das mais variadas experiências, projetos, iniciativas e ações que tentam, hoje, assumir as demandas da EJA, a situação não poderia ser melhor para essas mulheres. Em decorrência da ausência dessa política e da terceirização da área, o resultado dessa diversidade acaba se traduzindo em ações "fragmentadas e desarticuladas, que surgem, desenvolvem-se e, muitas vezes, extinguem-se, sem que resultem efetivamente em políticas de EJA" (SOARES, 2001, p. 206).

Diante dessa situação, torna-se essencial pensar nas políticas de EJA numa perspectiva de gênero. Vários são os estudos sobre educação que vêm destacando a importância de se compreender a configuração do sistema educacional brasileiro nessa perspectiva. Entretanto, analisando as políticas públicas educacionais, voltadas para o atendimento das mulheres jovens e adultas no Brasil, Fúlvia Rosemberg (1994, 2001) e Carvalho (1999) concluíram que, provavelmente, a existência de uma carência de estudos que objetivem a integração entre essas duas áreas temáticas esteja dificultando a inclusão, nessas políticas, das especificidades das relações sociais de gênero. Num balanço geral da produção acadêmica sobre educação e relações de gênero, constatou-se que essas duas áreas temáticas encontram-se praticamente, divorciadas, muito embora tenha havido um avanço na produção acadêmica da última década, em relação à década de 80 (ROSEMBERG, 1992, 2001, 2001a; ROSEMBERG E AMADO, 1992). Segundo Rosemberg (2001a), não obstante o avanço, ainda prevalece uma "carência de comunicação" entre os resultados dessa produção e as políticas públicas.

Quando a área da educação se refere à da EJA, o que se pode perceber é a total ausência de estudos integrando as duas temáticas. No Estado da Arte, realizado por Haddad *et al* (2000), foram listadas cerca de duas centenas de trabalhos de pós-graduação realizados entre 1986 e 1998. Nesse conjunto, não se encontra nenhum trabalho que aborde a discussão da EJA numa perspectiva de gênero, principalmente se referindo à questão da educação básica ou da alfabetização de mulheres adultas. Exceção é o trabalho de Silva (1998), que analisa de que maneira as práticas de alfabetização, de escolas públicas paraibanas, contribuem para o *emponderamento* das alunas. A precariedade de estudos sobre a alfabetização de mulheres adultas, na perspectiva de gênero, dificulta o conhecimento dos limites sociais impostos ao sexo feminino e que inviabilizam a sua inserção e sua permanência escolar. De acordo com Rosemberg (1994; 2001), ainda é preciso que haja sensibilidade dos poderes públicos e das organizações civis em relação às necessidades e determinações específicas das mulheres adultas que procuram os cursos de alfabetização.

A pesquisa

A pesquisa foi realizada durante o ano de 2001, numa escola pública municipal localizada na periferia da cidade de Belo Horizonte. Foram investigados os aspectos inerentes à condição feminina que poderiam influenciar na busca de escolarização, com objetivo de compreender o significado dessa busca no contexto das relações sociais de gênero.

A opção por realizar essa investigação numa escola pública municipal se justifica em função do tratamento que a EJA vem recebendo por parte da administração local que, em decorrência da ausência de uma política de âmbito nacional, articuladora e norteadora dessa modalidade da educação e, ainda, diante da política de municipalização do Estado, assumiu a EJA como parte de sua política educacional, traduzida na proposta da Escola Plural. Dessa forma, nos últimos anos a Secretaria Municipal de Educação – SMED/PBH – vem investindo na construção e na implementação de uma política de educação que atenda à especificidade dos jovens e adultos, integrantes dos cursos noturnos.

As mulheres/sujeitos desta investigação encontravam-se matriculadas numa turma inicial de alfabetização que era composta, em março de 2001, de 16 alunas e 15 alunos. Foram selecionadas seis mulheres adultas[5], na faixa etária de 37 a 66 anos, oriundas do interior de Minas Gerais, de outros estados e da capital mineira. Todas elas eram domésticas e somente uma não exercia trabalho remunerado. Das seis, uma era solteira, uma viúva e quatro eram casadas. Desse grupo, quatro mulheres eram negras. Foram realizadas entrevistas semiestruturadas com as mulheres/sujeitos e dois maridos, com as quatro professoras e com a coordenadora do curso noturno. Além disso, também foram realizadas observações do cotidiano escolar e análise de documentos produzidos pela escola e pela SMED/PBH.

Para a interpretação do significado da busca de escolarização foram utilizados, entre outros, o conceito sociológico de motivação para a ação, além do gênero, como categoria de análise. Essa análise se deu numa dupla dimensão: das relações estabelecidas pelos sujeitos ao longo da trajetória de vida e das relações estabelecidas com a escola. Dessa forma, procurei compreender de que maneira as relações sociais de gênero poderiam interferir na busca de escolarização empre-

---

[5] As referências às mulheres/sujeitos serão feitas com os seguintes nomes fictícios: **Ném** (42 anos, casada, doméstica, uma filha e um filho, oriunda da região Sul do país), **Elza** (45 anos, casada, empregada doméstica, dois filhos, nasceu na capital); **Fia** (66 anos, viúva, duas filhas, aposentada, nasceu no interior de Minas Gerais); **Malu** (37 anos, casada, empregada doméstica, três filhos, oriunda da Bahia); **Irene** (44 anos, solteira, empregada doméstica, oriunda do interior de Minas Gerais); **Adélia** (43 anos, casada, empregada doméstica, dois filhos, nasceu no Sul do país).

endida pelos sujeitos e, também, compreender a escola numa perspectiva de gênero, isto é, considerar suas práticas cotidianas, sua linguagem, seus símbolos, etc., na relação com as construções sociais de gênero. Para a realização dessa análise, foram destacados quatro episódios relativos a acontecimentos distintos ocorridos durante as observações. Dois episódios se referiram a momentos coletivos nos quais todo o público da escola se encontrava reunido (recepção, no primeiro dia letivo, e escolha de representante para o colegiado da escola) e os outros dois foram alusivos ao desenvolvimento de projetos específicos em sala de aula.

A escola, quando vista nessa perspectiva, nos possibilita compreender de que maneira o processo educativo pode atuar na construção das relações sociais de gênero, na (re)produção das desigualdades e como se articulam, na prática escolar, as hierarquias não só de gênero, como também de classe, raça e etnia. Isso porque as relações de gênero se constroem no âmbito da cultura, do simbólico e das representações, e a escola é um dos lugares privilegiados para a (re)construção da cultura, dos valores, dos símbolos, "reproduzindo ou transformando as hierarquias, as diferentes importâncias atribuídas socialmente àquilo que é associado ao masculino e ao feminino." (CARVALHO, 1999, p. 9).

Alguns resultados

A reconstituição das trajetórias de vida das mulheres/sujeitos, realizada com ênfase nas implicações das relações de gênero na busca de escolarização, revelou que são muitas as dificuldades enfrentadas por elas para conseguirem estudar, principalmente em relação aos valores culturais, aos aspectos mais tradicionais das relações entre homens e mulheres. Não é uma tarefa simples para a mulher a decisão de estudar na idade adulta, ao contrário, trata-se de uma batalha contra princípios, hierarquias, valores culturais arraigados que ainda sobrevivem na nossa sociedade. O momento da tomada de decisão, de se dizer "vou estudar", não é inconsequente, ao contrário, é algo estudado, planejado, negociado no âmbito das conflituosas relações familiares e de trabalho.

Essa tomada de decisão chegou a ocasionar, por exemplo, situações de violência, de tensão, de sérios conflitos, como no caso de Malu, em que a decisão levada a cabo chegou a uma situação tão irreconciliável que a levou a desistir de seu intento. Ela conseguiu se matricular, mas não conseguiu permanecer na escola por muito tempo, pois, em menos de dois meses, venceu aquele que, no uso de suas prerrogativas de gênero, impôs, com dupla violência, a sua vontade: ateou fogo em seu material escolar, espancando-a e proibindo-a de estudar. Esse tipo de violência "lembra o fato de que nem sempre a violência do companheiro contra a mulher recai sobre o corpo desta. Muitas vezes, ele destrói os pertences da mulher [...]. Isto tem, via de regra, profundas repercussões na saúde da mulher [...] as somatizações aparecem com frequência." (SAFFIOTI e ALMEIDA, 1995, p. 41-42). Repercussões que se traduzem na fala de Malu:

> Eu quero que Deus me tira essa depressão que eu tenho... eu quero parar de tomar remédio... pra mim sentir... assim... que eu não sou... uma feia... uma horrorosa... eu quero assim... se Deus ver que eu mereço... ser alguém na vida... ser alguém... eu quero isso pra mim...

De acordo com Saffioti e Almeida (1995), numa situação de violência em que o homem destrói objetos pessoais da mulher, muitas vezes, simbolicamente, ele destrói a própria mulher. No caso de Malu, ao destruir o seu material escolar, o marido acabou por reproduzir essa relação, bastante comum em situações de violência doméstica. A atitude violenta do marido não somente destruiu os seus objetos escolares, como também aniquilou o seu sonho de aprender a ler e a escrever.

Sonho que terá de ser adiado até que ela consiga encontrar um meio de subverter a sua condição de subordinação.

Por outro lado, há também mulheres que contam com todo o apoio de seus parentes mais próximos, de suas patroas e de seus filhos, além do imprescindível apoio do marido, como foi o caso de Elza. Seu marido assim relata a sua decisão de estudar e o esforço que é feito por ela, diariamente, para chegar até a escola:

> *o pessoal aí falou que ia ter matrícula pra noite... aí ela animô... né? Que tinha parado esse negócio de estudo à noite. Ali no grupo... aqui perto... tinha... aí acabou...lá num tinha essa subidona... que ela sofre com esse morro... tem dia que ela sobe até de ônibus... porque ela reclama tanto... eu falei: ah... Deus, ajuda que ela chega lá...*

No caso de Irene, as dificuldades para conseguir levar adiante os estudos se encontram nos aspectos relacionados à luta solitária pela sua própria sobrevivência, diferentemente das outras mulheres que precisaram alterar as relações familiares para garantir a realização de seus projetos individuais de estudo.

A tomada de decisão em relação aos estudos implica uma profunda e significativa reflexão, como aconteceu com Adélia. Ela, ao olhar para o seu passado, analisa o presente e diz: *dia primeiro eu pensava diferente* – e vai revelando o quanto as coisas já são diferentes: *ele*[marido] *acha que passar por cima da palavra dele é tá passano por cima dele...* Ela viveu ao longo de muitos anos sem contestar a obediência ao marido, isso porque...

> *eu pensava que eu era obrigada a obedecê-lo... é isso que era pior... que o que ele falava eu acatava... ele falava comigo: "que nada... que isso era bobagem"* [...] *ele tirava da minha mente. E eu sempre fui assim, sabe? Deixava levar por ele... senão já tava estudando*

> *há muito tempo...Ele ameaçava me largar... e eu morria de medo... meus menino era pequeno... eu trabalhava fora mas eu pensava que não ia dá conta...*

O medo, a insegurança por acreditar que sozinha não conseguiria sustentar os filhos pequenos, levam-na a adiar os seus projetos. Entretanto, com o passar dos anos, a mudança na sua maneira de pensar vai influenciando as suas ações e sua luta desemboca na contestação do princípio da hierarquia da autoridade do marido. Hierarquia que não tinha explicação, na sua opinião:

> *Dia primeiro eu pensava diferente... só que agora eu acho que não... eu acho que ele NÃO MANDA... cê sabe por que que num manda? Porque nós... eu agora eu tenho um modo de pensar diferente... GENTE... nós vai pro trabaio... nós trabalha... o homem num chega a falá nada... cê tem que trabaiá mesmo... prá ajudar... pra tê as coisas... por que que um estudo que a gente tamém pode... vai ter pra gente... ele vai querer dominar?*

As histórias das mulheres apresentaram vários aspectos importantes a serem considerados ao se pensar numa política educacional ou num projeto de escolarização para essa parcela da população. A começar pela consideração de que estar matriculada não é condição suficiente para que elas consigam estudar, pois a luta pela escolarização se apresenta constituída de dois momentos: um anterior à matrícula na escola e outro posterior a esta. Conseguir se matricular, conforme os depoimentos anteriores, pode ser considerado a culminância de um processo que vem sendo construído desde a infância, quando se tem negado o direito à escolarização, seja por motivos relativos à vivência familiar, por motivos de doença, de trabalho, enfim, por quaisquer que sejam os motivos. Para garantir o direito de assentar numa cadeira da sala de aula, as mulheres passaram por todo um processo, muitas vezes sofrido e violento, de afirmação de sua vontade e, até mesmo, de sua identidade como mulher. Elas enfrentaram obstáculos de toda sorte, refletiram sobre as suas vidas, seus próprios valores e, inclusive, os valores sociais predominantes. E essa reflexão fez com que criassem a oportunidade e construíssem o momento de assumir a decisão pelos estudos perante o mundo do trabalho e a vida familiar. Este momento pode ser considerado como a culminância da busca de escolarização, mas não representa o final dessa busca, pois ela se desdobra numa segunda etapa que desemboca no interior da escola.

Outro aspecto a ser considerado se refere às faltas escolares. A análise levou-me a compreender essas faltas também como parte da luta das mulheres para conseguirem conciliar os estudos com as atribuições domésticas e, com isso, para conseguirem permanecer na escola por um maior período de tempo. Verificando os registros de frequência da turma, o que pude perceber é que a rotatividade e a ausência masculinas foram bem maiores do que as femininas. A justificativa principal, segundo os próprios alunos e a coordenadora, estaria relacionada a questões relativas ao mundo do trabalho (horas-extras, mudança de atividade ou de local de trabalho, etc.). No caso das mulheres, a rotatividade – que foi bem menor – e as faltas – que foram muitas – se deram em função da falta de auxílio para o cuidado dos filhos, doença própria ou de familiares, cansaço ou restrição familiar aos estudos, especialmente da parte de companheiros. Dos homens que iniciaram o curso, somente sete permaneceram até o final do ano letivo (justamente os rapazes com idades inferiores a 25 anos). Das dezesseis mulheres, 13, concluíram (uma jovem de 17 anos e as demais acima de 37 anos). Das seis mulheres/sujeitos, cinco conseguiram concluir o ano letivo e, dessas, quatro retornaram no ano seguinte para prosseguimento dos estudos.

A chegada à escola representou para as mulheres/sujeitos a inauguração de uma nova fase em suas vidas na qual elas acreditavam ser possível realizar tudo aquilo que um dia foi idealizado, desde a escrita de uma simples carta até a construção de uma nova identidade, de "ser alguém" reconhecidamente valorizado pelo "saber" adquirido no espaço escolar. Saber que distingue os indivíduos e cuja ausência estigmatiza, inferioriza e subordina. Saber que gera autonomia, confiança, felicidade e fé. Fé em Deus, companheiro presente no livro, cuja leitura se faz desejada e que serve para abrir as portas para o tão sonhado aprendizado. Companheiro que une e que legitima a busca de escolarização, tal como nos primórdios da História de nossa nação, quando somente essa era a leitura permitida e oferecida ao sexo feminino.

Os relatos seguintes evidenciam, além dos motivos que sustentam a luta pela escolarização, também os sonhos que se encontram à espera para a realização. É com muita convicção que Ném revela o motivo principal que a levou à escola: *eu ainda quero aprender muito... a primeira coisa que vou fazer é ler a Bíblia... que eu num sei ler... mas já sei procurar Salmos... parte na Bíblia eu já sei procurar [...] eu tenho vontade só de ler e escrever mesmo...* Ler a bíblia, motivo que também deu forças ao sonho de Adélia: *que o meu sonho é eu pegar e ler... é... tanto um livro... como uma Bíblia...*

No mesmo sentido, Fia também revela que "*... primeira coisa que eu vou fazer... eu vou cantar na igreja [...] Eu quero aqueles papel da igreja... pra mim cantar na igreja... primeira coisa... depois Deus vai me ajudar pra mim poder escrever.* Também faz planos de passear, explorar o mundo que se encontra ao seu redor e ajudar aquele que não souber ler.

Uma outra motivação vincula-se ao valor social atribuído à educação e à vontade de se deslocar do lugar social destinado ao sujeito analfabeto na sociedade. Vontade que tem origem no reconhecimento da condição de inferioridade intrínseca do analfabeto e no desejo de construir uma imagem positiva de si mesma, conforme diz Fia: *se Deus quiser... minha filha... quero aprender pra mim poder ser...ser um alguém... assim na vida [...] eu quero ver se eu arrumo é meus documentos... vou tirar outros... a carteira de identidade... vou trocar ela... né?* Desejo "de ser alguém" que também justifica a busca de Adélia: *eu ler... pras pessoas ver e sentir ... que eu sou uma pessoa.* E, igualmente, a de Malu: *Quando eu saber a ler e a escrever [...] eu ter orgulho... eu falar com meus filhos que eu sei a ler [...] pra mim falar com ele: "ó Toninho eu sei a ler". Então... é pra mim sentir esse orgulho... pra mim ser alguém.*

Subjacentes a um outro motivo encontram-se implícitos desejos diversos, marcados pela afetividade e pela saudade. Escrever uma carta *com minhas próprias mãos* (Fia); ter notícias dos familiares ou enviar-lhes as notícias; atualizar as novidades ou reencontrar entes queridos são motivos apontados por elas. Ou, então, superar o mero reconhecimento de seu nome nas correspondências cujo conteúdo somente o outro pode lhe revelar, diz Elza: *eu recebo as minhas continhas... minhas conta de luz... telefone... tudo vem no meu nome, só que o meu nome eu sei... onde que tá o meu nome eu sei... só onde que tá o meu nome.*

Elza vai nos apontando as relações, aparentemente simples, mas que fazem parte do processo de construção do significado da busca de escolarização empreendida por ela: *As receitas... eu tenho meu livro de receitas... meu caderno....* Cozinhar, cuidar da manutenção do grupo familiar, função realizada no trabalho e em casa, algo que faz sentido para Elza, algo que tem valor na sua vida, portanto tem significado: *Ah... vai ser bom... que eu posso pegar minhas receitas... ler... escrever... fazer...* Significado que também encontra relação na possibilidade de exercer o controle de suas finanças domésticas, de viabilizar o acompanhamento pessoal das faturas bancárias relativas às compras que realiza por meio de seu

> *Cartão de crédito... eu gosto muito de ter cartão... Que a gente não tendo o dinheiro... cê compra no cartão... aí então... igual cê tem que tá bem atenta do tanto que cê gasta... Eu tenho... tenho dois cartão... aí então cê tem que tá atenta.... então chega a fatura cê tem que tá ali atenta... por que pode vir uma coisa que cê não comprou... eles errar [...] então eu gosto das minhas coisas... assim... eu gasto o dinheiro... mas tudo assim... contadinho... né? então eu se eu vê um papel eu quero saber tudo o quê que tá ali escrito... aí é chato cê ficar todo dia amolando os outros...*

O que dizer diante de tantos sonhos? Sonhos que essas mulheres acreditam serem possíveis de se realizar por intermediação da escola, pois foi a escola o lugar privilegiado por elas para obtenção daquilo que lhes falta e que existe somente na forma de desejo. Sonhar é uma forma de estabelecer relação entre o que se é e a forma como se está sendo na realidade, no cotidiano, na vida, é fazer a história. O sonho faz parte do processo de constituição do ser humano em transformação. É isso que, nas palavras de Paulo Freire, ganha força, sentido e sabedoria:

> Sonhar não é apenas um ato político necessário, mas também uma conotação da forma histórico-social de estar no mundo de mulheres e homens. Faz parte da natureza humana que, dentro da história, se acha em permanente processo de tornar-se... Não há mudança sem sonho como não há sonho sem esperança... (FREIRE, 2001, p. 13)

O que leva ao sonho é essa consciência da condição em que se está no mundo. E isso as mulheres/sujeitos têm, pois vivem as consequências dessa maneira de se estar no mundo. Estar inserida de forma precária, muitas vezes excludente, à mercê das críticas e da submissão ao outro. Maneira de estar que incorpora outras condições específicas: estar como mulher e como negra (no caso da maior parte dos sujeitos). Isso significa estar no mundo de maneira duplamente desigual e inferior, isto é, sem *leitura* e hierarquicamente posicionada no polo inferior. Inferioridades socialmente construídas, mas que não impedem que os sujeitos prossigam com suas vidas, pois elas constroem suas próprias estratégias de forma a vencer as dificuldades que vão surgindo. A ausência de *leitura* e suas consequências incitam as mulheres a buscar a independência, a liberdade para agir. É o que pensa Elza: *eu não vou ficar pedindo nada a ninguém...*

As trajetórias de vida foram revelando que a mediação na escolarização dos filhos não existe mais como motivação para a busca de escolarização das mulheres adultas. As motivações são outras, construídas na relação com o passado, o presente e o futuro. Nesse sentido, para compreender o significado da busca de escolarização, partindo da perspectiva do sujeito, fez-se necessário conhecer a motivação das mulheres e analisar as relações que foram estabelecidas entre essa busca e os motivos, razões para agir, objetivos, planos imediatos ou em longo prazo, definidos pelas mulheres/sujeitos.

Diante disso, um dos significados da busca de escolarização, interpretado a partir dos motivos que incitaram as mulheres/sujeitos à ação, bem como das reflexões subjacentes à decisão de estudar, levou-me a afirmar que a busca significa uma tentativa de se rever o princípio de autoridade patriarcal, uma contestação à autoridade e ao poder masculino. Essa contestação, para muitas mulheres, acabou gerando uma situação tida como sendo de "rebeldia", de "enfrentamento", isso porque, ao partir em busca da realização de seus projetos, as mulheres/sujeitos colocaram em xeque a autoridade e o poder daquele que "aprendeu" a ser o dono do "sim" e do "não". Contestação que assim se expressa nas palavras de Ném:

> *Eu peguei e enfrentei ele... falei com ele que chegava [...] há muito tempo eu fiquei né... ele falava não... eu aceitava... aí quando foi um dia eu enfrentei ele mesmo... num foi briga ... foi conversano e eu falei com ele... NÃO... chega! Você me impediu de viver por muitos anos... agora eu vou estudar...*

O que a levou a agir dessa forma? Ela arrisca uma possível explicação: *acho que é porque passou os anos e eu tomei coragem... os filhos tudo cresceu... a menina estudava à noite... ele [o marido] às vezes tava aqui... às vezes não... então eu ficava muito sozinha... aí num tinha impedimento e a oportunidade tava aí pra mim estudá...*

A decisão de estudar, levada a cabo pelas mulheres, revelou todo um processo de reflexão, de autocrítica e de questionamento das relações hierárquicas e desiguais entre homens e mulheres. Processo que possibilitou o reconhecimento e a valorização pessoal, segundo Adélia:

> *Então eu acho que homem nenhum tem o direito de proibir nós de estudar... qualquer uma de nós... mulher... que quer aprender... [...] que nós enfrenta às vezes até coisa na rua... enfrenta as dificuldades pra ir na aula e pra voltar... que a gente tá andano... a gente tá arriscano até a vida... então todas nós tem o direito de ter aquilo de bom...*

E é com toda simplicidade que Adélia deixa o seu recado. Recado cheio de experiência, de vivências, de sabedoria:

> *A gente tem que dá valor à gente mesmo... porque a vida passa muito depressa... passa mesmo e a gente deixa passar assim ó, num piscar de olho, ela passa e a gente não vê...*

Os relatos das mulheres/sujeitos das camadas populares dão indícios de mudanças reais, efetivas, que estão ocorrendo no interior das relações sociais de gênero e que estão implicando negociações e novos arranjos familiares. O olhar das mulheres, ao incidir sobre as experiências por elas vivenciadas, nos vários momentos de suas trajetórias de vida, denota um sentimento, ora de tristeza, ora de revolta. Tristeza que também escapa na voz ao serem recordadas as humilhações e os constrangimentos vividos, por longos anos, em decorrência da condição de inferioridade e exclusão imposta ao sujeito analfabeto. E revolta, quando se reconhece a responsabilidade do outro na construção dessa condição, ao longo da vida. Aspectos da condição feminina que revelam a subordinação aos pais, ao trabalho, ao companheiro...

Quanto à análise da prática pedagógica e dos discursos proferidos pelas profissionais da escola, pôde-se verificar que eles ainda se encontram alheios ou "surdos" aos indícios de contestação e de mudanças que se desnudam nas falas e no comportamento de seu público. Público que já vê as relações entre homens e mulheres de uma outra forma, mais próxima de uma relação igualitária, mais justa. A prática docente observada demonstrou estar contribuindo para o reforço dos estereótipos de gênero, não possibilitando, de maneira mais efetiva, a desmistificação das relações desiguais entre mulheres e homens. O processo de alfabetização, infantilizador nos mais variados aspectos: metodologia, materiais didático-pedagógicos, etc., também não contribui com "a leitura do mundo que precede sempre a leitura da palavra." (FREIRE, 1999, p. 90). Leitura do mundo, leitura da realidade que indica possibilidades de se construir uma relação igualitária entre os sexos.

Com relação aos sujeitos, observados em suas manifestações na sala de aula, percebe-se que demonstram o quanto as relações podem ser e estão sendo diferentes: os alunos/rapazes dividindo as tarefas domésticas com a mãe ou companheira, e as alunas/mães ensinando aos seus filhos que eles também podem lavar, passar e cozinhar, sem que isso interfira na sua condição sexual, ou no fato de se ser homem, indicando que novas construções em torno das representações de gênero estão sendo estabelecidas. Percebe-se ainda que essas novas construções também convivem com o reforço e a manutenção de valores culturais patriarcais expressos, principalmente, nos discursos conservadores de alunos mais idosos.

Algumas considerações

Percorrer as trilhas das histórias de vida das mulheres adultas, das camadas populares, nos leva a considerar que os sujeitos da EJA não somente têm sexo, raça, religião, nacionalidade, etc., como também têm gênero. E essa é mais uma especificidade a ser incluída na realidade do público dessa modalidade de educação. Considerar os sujeitos da EJA como sendo generificados, ou seja, como sujeitos que se identificam social e historicamente como masculinos e femininos, é possibilitar a compreensão de que o processo educativo, atuando na construção das relações sociais estabelecidas entre homens e mulheres, atua, portanto, na produção das desigualdades e das hierarquias.

Os dados desta investigação revelaram que é preciso rever os argumentos que sustentam os investimentos das políticas educacionais destinadas às mulheres, principalmente, às mulheres das camadas populares. A parcela do público representada pelos sujeitos desta pesquisa indica que há fatores subjetivos e objetivos, que se encontram presentes nas motivações para a busca de escolarização, que extrapolam aquilo que se espera como efeito social, especialmente sobre a escolarização dos filhos e a saúde da família, pois tratam da concretização dos desejos de realização pessoal, de materialização de projetos individuais que subsistem (ou que tentam subsistir) aos conflitos de gênero, inerentes à condição feminina e às relações familiares.

As mulheres/sujeitos chegam à escola cheias de expectativas, de receio, de ansiedade, mas, também, cheias de felicidade, de alegria, sentindo como se estivessem renascendo, inaugurando novas relações com o mundo no qual sempre viveram, mas de forma precária, incompleta. Entretanto, o confronto entre essas expectativas e demandas e a realidade escolar demonstrou ainda haver um certo descompasso entre o que se propõe para a educação de jovens e adultos e o que se oferece a essas pessoas, ou seja, os desdobramentos das propostas para a EJA ainda se dão na transposição de práticas infantilizadoras e descontextualizadas.

As observações do cotidiano escolar e a análise das práticas desenvolvidas pela escola, na qual esta investigação se concretizou, revelaram que ainda é preciso discutir muito sobre a qualidade e a adequação das ofertas destinadas ao público da EJA, além da necessidade de elaboração de uma política mais ampla e efetiva de formação dos docentes que atuam nessa modalidade de educação.

Revelaram ainda a urgente necessidade de se incluir, nas políticas educacionais e de formação profissional, um enfoque de gênero, seja na organização dos currículos de formação docente ou nos projetos destinados a essa modalidade de educação. A incorporação de um enfoque de gênero implica a desnaturalização das relações sociais, desmistificando também as práticas educativas que reforçam as hierarquias, as discriminações baseadas na construção social e cultural perpetradas sobre o sexo, a subordinação econômica, política e cultural da mulher, significa, enfim, promover uma educação para a igualdade e equidade de gênero.

Quanto ao significado da busca de escolarização, no contexto das relações sociais de gênero, pôde-se concluir que não se pode falar em apenas um significado, mas sim em vários significados. Significados que oferecem uma leitura bastante animadora quanto à possibilidade de mudanças nas relações desiguais e hierárquicas entre os sexos. Significados que ainda deixam várias trilhas a serem perseguidas por pesquisadores/as interessados/as pela temática em questão.

REFERÊNCIAS

CARVALHO, Marília Pinto de. Um olhar de gênero sobre as políticas educacionais. In: FARIA, Nalu *et al*. (Org.) *Gênero e educação.* São Paulo: SOF, 1999. p. 9-23. (Coleção Cadernos Sempreviva).

CONFERÊNCIA INTERNACIONAL DA EDUCAÇÃO DE ADULTOS. V. Artículos de Fondo. n. especial de "Educación de Adultos y Desarrollo". Edición conjunta del Instituto de la Cooperación Internacioanl de la Asociación Alemanha para Educación de Adultos (IIZ/DVV), de Bonn, y del Instituto de la UNESCO para la Educación (IVE), de Hamburgo, 1997.

CONFERÊNCIA MUNDIAL SOBRE A MULHER, 4, 1995. Organização das Nações Unidas, Beijing, China-Rio de Janeiro: FIOCRUZ, 1996.

DELORS, Jacques. *Educação:* um tesouro a descobrir. Relatório para a UNESCO da Comissão Internacional sobre Educação para o Século XXI. São Paulo: Cortez, Brasília, DF: MEC: UNESCO, 2000.

DI PIERRO, Maria Clara. *O retrato da exclusão*: demanda potencial e cobertura escolar no ensino básico de jovens e adultos. As políticas públicas de educação básica de jovens e adultos no Brasil do período 1985/1999. São Paulo: PUC, 2000, p. 177-205. (Tese de doutorado).

FREIRE, Paulo. *Pedagogia da autonomia:* saberes necessários à prática educativa. 11ª ed. Rio de Janeiro: Paz e Terra, 1999. (Coleção Leitura).

FREIRE, A. M. (Org). *Pedagogia dos sonhos possíveis.* São Paulo: UNESP, 2001.

INFORMAÇÃO EM REDE. São Paulo: Ação Educativa, ano 6. n. 41, jan./2002.

HADDAD, Sérgio *et al.* (Org). *O estado da arte das pesquisas em Educação de Jovens e Adultos no Brasil*: a produção discente da pós-graduação em educação no período 1986-1998. São Paulo: Ação educativa, 2000. Disponível em <http://www.acaoeducativa.org/public2.htm > Acesso em: 24/2/01.

O MARCO DE AÇÃO DE DAKAR. *Educação para todos*: atingindo nossos compromissos coletivos. Texto adotado pela Cúpula Mundial de Educação. Dakar, Senegal – 26 a 28 de abril de 2000. Disponível em: <http://www.acaoeducativa.org/dakarcarta.pdf>. Acessado em maio de 2002.

PERTERSEN, Áurea Tomatis. Homens e mulheres: enfim, as desigualdades estão acabando? In: STREY, Marlene Neves (Org.). *Mulher, estudos de gênero*. São Leopoldo: UNISINOS, 1997, p. 19-28.

RELATÓRIO NACIONAL BRASILEIRO SOBRE A IMPLEMENTAÇÃO DA PLATAFORMA DE AÇÃO DA IV CONFERÊNCIA DA MULHER (Pequim, 1995). Apresentado à Sessão especial da Assembléia Geral das Nações Unidas "Mulher 2000: igualdade de gênero, desenvolvimento e paz para o século XXI" (Pequim +5) em junho de 2000. Disponível em: <http://www.mre.gov.br/beijing/relatorioportugues.pdf>. Acessado em abril de 2002.

RIVERO, José. Educación y Pobreza – Políticas, estrategias y desafios. Seminario Regional Programas de Educación Compensatoria en América Latina y El Caribe. Buenos Aires: 1998, p.1-31. (mimeogr.)

ROSEMBERG, F. Educação formal e mulher: um balanço parcial da bibliografia. In: OLIVEIRA Costa, A.; BRUSCHINI, Cristina. *Uma questão de gênero*. Rio de Janeiro: Rosa dos Tempos; São Paulo: fundação Carlos Chagas, 1992, p. 151-182.

ROSEMBERG, F. AMADO, Tina. Mulheres na escola. *Cadernos de Pesquisa*. São Paulo, n. 80, p. 62-74, fev./1992.

ROSEMBERG, F. A educação de mulheres jovens e adultas no Brasil. In: SAFFIOTI, H.I.B.; MUÑOZ-VARGAS, Mônica (Orgs). *Mulher Brasileira é assim*. Rio de Janeiro: Rosa dos Tempos: NIPAS; Brasília, D.F.: UNICEF, 1994, p. 27- 62

ROSEMBERG, F. Educação formal, mulher e gênero no Brasil contemporâneo. *Revista Estudos Feministas*. CFH/CCE/UFSC, v. 9 n. 2/2001, p. 515-540.

ROSEMBERG, F. Caminhos cruzados: educação e gênero na produção acadêmica. *Educação e Pesquisa*. v. 27, n. 1. Fundação Carlos Chagas e PUC – SP. São Paulo, jan./jun., 2001. Disponibilizado em: <http://www.scielo.br/scielo.php?> Acessado em: 12/3/02.

SAFFIOTI, H.I.B.; ALMEIDA, Suely Souza de. *Violência de gênero:* poder e impotência. Rio de Janeiro: Revinter, 1995.

SILVA, Edna M. L. da. *Gênero, alfabetização e cidadania: para além da habilidade da leitura e da escrita*. Centro de Educação, Universidade Federal da Paraíba, João Pessoa, 1998. (Dissertação de Mestrado).

SOARES, Leôncio J. Gomes. As políticas de EJA e as necessidades de aprendizagens dos jovens e adultos. In: Ribeiro, Vera M. (Org). *Educação de jovens e adultos:* novos leitores, novas leituras. Campinas, SP: Mercado de Letras, 2001, p. 201-224. (Coleção Leituras no Brasil).

SCHMELKES, Sylvia. Las necesidades básicas de aprendizaje de los jóvenes y adultos en América Latina. In: OSÓRIO VARGAS, Jorge;

RIVERO HERERA, José (Comp). *Construyendo la modernidad educativa en América latina:* nuevos desarrollos curriculares en la educación de personas jóvenes y adultas. Lima: OREALC; UNESCO; CEAAL; Tarea, 1996, p. 13-43. Presentado no Seminario – Taller Regional "Los Nuevos Desarrollos curriculares en la Educación con jóvenes e Adultos en América Latina". 21 a 26 jan./1996, Nuevo León, México.

TORRES, Rosa Maria. Educación para todos: la propuesta, la respuesta. (1990-1999). Documento presentado em el Panel "Nueve Años después de Jomtien", Conferencia Anual de la Sociedad Internacional de Educación Comparada, Toronto, 14-18 Abril, 1999, p. 1-69. Buenos Aires. (mimeogr).

Escola noturna e jovens:
relação entre religiosidade e escolarização

Heli Sabino de Oliveira

Nos últimos anos, o horário de intervalo em determinadas escolas noturnas da Regional Venda Nova, em Belo Horizonte, tem sido redefinido por alguns jovens pertencentes ao pentecostalismo[1] – movimento religioso que tem adquirido grande visibilidade na sociedade brasileira, especialmente a

---

[1] Estou designando como pentecostal "o campo evangélico, derivado especialmente do metodismo, e que iniciou nos Estados Unidos em 1906, chegando ao Brasil em 1910 (com a Igreja Cristã do Brasil, em São Paulo) e em 1911 (com a Igreja Assembleia de Deus, em Belém do Pará)", a partir daí se desdobrando em inúmeras denominações religiosas: Igreja do Evangelho Quadrangular, Igreja Pentecostal Deus é Amor, Igreja Universal do Reino de Deus, entre outras. "Destaca-se nas práticas pentecostais a atualização dos dons do Espírito Santo: dom de língua (glossolalia), de interpretação (das ditas línguas), de evangelização, de cura, de profecia, de sabedoria e discernimentos dos Espíritos e de milagres. A glossolalia é a marca distintiva do pentecostalismo. Trata-se de uma experiência emocional gratuita, um ato de louvor que se segue ou revela o 'batismo no Espírito Santo', isto é, um encontro e um conhecimento imediato de Deus que revela um sinal de santificação" (ORO, 1995, p. 19).

partir dos anos 1980. Nesses momentos de encontro, além de cantar e orar, esses alunos procuram fazer proselitismo junto aos demais colegas da escola. Sabe-se também que, não raro, certos saberes e atividades escolares, como a teoria da evolução e festas juninas, são contestados por esses alunos, por contrariarem as suas convicções religiosas.

Esse fato tem provocado uma certa estranheza dos professores em relação a esses jovens: professores que, em reunião pedagógica, definem, de modo ambivalente, esses jovens pentecostais. Por um lado, eles têm sido caracterizados como exemplos de comportamentos estudantis que devem ser seguidos, pois, durante as explicações, ficam, geralmente, em silêncio e procuram, no momento dos exercícios propostos, realizá-los prontamente. Por outro lado, para explicar as causas da discordância desses estudantes em relação a certos saberes e experiências escolares, os professores utilizam, via de regra, expressões do tipo "eles possuem viseiras", "eles são fanáticos", "eles são alienados", "eles sofreram lavagem cerebral de suas igrejas", "eles são fundamentalistas".

Entretanto, como esses alunos interpretam as suas relações sociais no interior da escola? O que os leva a se apropriarem de certos espaços e tempos de escolarização para realizar atividades de caráter estritamente religioso? Por que esses jovens se sentem no direito ou na obrigação de discordar das atividades propostas pela instituição escolar? Em outras palavras, quais os significados que os jovens pentecostais atribuem ao seu processo de escolarização?

Este capítulo busca compreender como determinados jovens constroem suas identidades estudantis em uma dada escola pública de Belo Horizonte, onde a questão da alteridade religiosa tem se manifestado de maneira contundente. Para tanto, procurei observar esses alunos, ao longo do ano de 1999, em várias situações no interior da escola. Tentando compreender o porquê de certos tempos e espaços serem redefinidos por esses alunos, assisti, entre os meses de abril e dezembro, aos seus cultos durante o recreio, pelo menos duas vezes por semana. Além disso, a fim de perceber como os jovens pentecostais se envolvem com as atividades extrassalas propostas pelo estabelecimento educacional em que estavam inseridos, acompanhei as seguintes atividades: Campeonato de Futebol, Festa Junina e Gincana.[2]

Dado o caráter relacional da identidade, procurei investigar ainda como o catolicismo – religião hegemônica no Brasil – se manifesta no interior das escolas da Rede Municipal de Belo Horizonte. A descrição do outro (os jovens pentecostais) de forma pejorativa por alguns professores revela não a esquisitice da identidade pentecostal, mas relações de poder que foram estabelecidas social e historicamente. É o que veremos a seguir.

Estranhando o familiar

O objetivo desta seção não é apenas demonstrar que as escolas públicas não são neutras do ponto de vista religioso, como defendiam os teóricos da secularização. O que se pretende aqui é analisar a manifestação católica na escola, como construto simbólico balizador das demais crenças religiosas que se manifestam no espaço escolar.

Entretanto, é importante salientar que a forma como se expressa a identidade católica no interior das escolas não é, via de regra, vista como manifestação religiosa. Diferentemente do pentecostalismo e de outros grupos religiosos, o catolicismo não causa aos professores e alunos estranhamento, pois são concebidas como fatos sociais da vida escolar e não como resultado de um determinado *ethos* cultural. Sendo o catolicismo a norma

---

[2] Dados os limites deste trabalho, não abordo aqui o processo de expansão e diversificação do pentecostalismo no Brasil. O leitor interessado nesse tipo de discussão encontrará, em nossa dissertação de mestrado, defendida, em 2000, na Faculdade de Educação da Universidade Federal de Minas Gerais, uma discussão pormenorizada dessas questões (OLIVEIRA, 2000).

religiosa, as outras manifestações religiosas no espaço escolar não devem ser pensadas porque representam o desvio.³

Em linhas gerais, o catolicismo se expressa no tempo e no espaço escolar de três formas distintas e complementares: a primeira de maneira institucionalizada, a segunda de forma objetivada e a terceira de forma incorporada.⁴

O catolicismo se manifesta de maneira institucionalizada por meio de nomes dos estabelecimentos de ensino. Das 183 escolas da Rede Municipal de Ensino de Belo Horizonte, 14 possuem nomes de santos ou de sacerdotes católicos – E.M. Padre Marzano Matias, E.M. Cônego Raimundo Trindade, E.M. Santa Terezina, E.M. Nossa Senhora do Amparo, E.M. Padre Francisco C. Moreira, E.M. Dom Orione, E.M. Padre Edeimar Massote, etc. Cabe aqui destacar que não existem, hoje, escolas na RME/BH que possuam nomes de orixás, pai de santo, nomes de médiuns ou de pastores evangélicos.

A presença das imagens, como de Nossa Senhora Aparecida na sala da Direção, e a presença do crucifixo em várias partes do espaço escolar são ainda exemplos de como a religiosidade católica se inscreve, de maneira objetivada, nos espaços escolares. Do ponto de vista simbólico, esses objetos não apenas desconsideram o caráter laico e secular da escola, mas demarcam a opção religiosa da escola.

Pode-se ainda observar a manifestação da religiosidade católica nos tempos escolares. Em muitas escolas da RME/

---

³ No dia 8 de setembro de 2002, o jornal *Estado de Minas* noticiou a decisão do Tribunal Regional Federal da 1ª Região de cassar a liminar que concedia aos estudantes adventistas o direito de realizar as provas do vestibular da Universidade Federal de Uberlândia, em horário especial. De acordo com o presidente da COPEVE (Comissão Permanente de Vestibular), Sidnei Ruocco Junior, a decisão da justiça foi correta, pois não se pode tratar de forma diferenciada aqueles que são iguais.

⁴ As categorias estado institucionalizado, estado objetivado e estado incorporado são usadas por Pierre Bourdieu em seus trabalhos para explicar como se manifesta o capital cultural no processo de diferenciação e hierarquização de desempenho escolar de crianças de diferentes classes sociais. Aqui, uso essas categorias para designar as diferentes formas de manifestação do catolicismo no espaço escolar.

BH, os alunos das séries (ciclos) iniciais são obrigados a rezar no pátio o Pai Nosso e a Oração de São Francisco, antes de entrar para sala de aula. No final do Ensino Fundamental e do Médio, a formatura aparece como um forte momento de manifestação da religiosidade católica. Geralmente, esse evento é constituído de três momentos: colação de grau, baile e *missa,* podendo, eventualmente, ser realizado um culto ecumênico. Entretanto, é na Festa da Família, no mês de maio, quando algumas escolas celebram a coroação de Maria, e na Festa Junina, quando alguns professores fazem matrizes com dizeres Viva São João, Viva São Pedro e Viva Santo Antônio, que a religiosidade católica se apresenta, no interior da escola, de maneira mais visível.

Ao fazer o sinal da cruz ou invocar nomes de santos em dada situação do cotidiano escolar, os professores e os alunos expressam, de modo incorporado, a religiosidade católica. O que é compreensível se se considerar a escola como espaço sociocultural (DAYRELL, 1995). Isso porque, por um lado, os professores e os alunos interagem, no espaço escolar, com seus conceitos, com suas escalas de valores e com sua visão de mundo. Por outro lado, porque essas manifestações de caráter religioso fazem parte do universo simbólico da maioria da população. Por isso, elas têm sido concebidas, geralmente, como sendo um fato da vida escolar, e não como um construto social. Talvez isso ocorra porque o catolicismo, desde o período colonial, procurou se inscrever na cultura brasileira como a norma religiosa a ser seguida (BOSI, 1995).

Entretanto, as outras religiões, ao se distanciarem das redes de significados da cultura hegemônica, podem não ter esse reconhecimento e ser tratadas com desprezo, medo ou hostilidade. Devido ao passado colonial, as religiões afro-brasileiras são, por exemplo, as mais estigmatizadas, chegando, em alguns casos, ao ponto de os alunos pertencentes a esse grupo religioso terem de se identificar, no espaço escolar, como católicos.

Isso porque, quando uma visão religiosa (no caso católica) se torna o centro do pensamento social, corre-se o risco de os outros serem pensados e sentidos por meio de modelos e valores dominantes; o que pode acabar interferindo na (de)formação da identidade do educando. Mesmo lidando, quotidianamente, com a alteridade, os professores podem ter dificuldades em pensar as diferenças culturais, de modo geral, e as diferenças religiosas, de modo particular. Parece ser esse o caso em que os professores rotulam os jovens pentecostais como alienados, portadores de viseiras, fundamentalistas e vítimas de lavagem cerebral feita por pastores inescrupulosos.

Como o catolicismo se tornou a norma, somente outras manifestações religiosas são consideradas como sendo manifestações religiosas. Em outras palavras, religioso são os outros, o catolicismo é apenas a normalidade.

> Normalizar é um dos processos mais sutis pelos quais o poder se manifesta no campo da identidade e da diferença. Normalizar significa eleger – arbitrariamente – uma identidade específica como parâmetro em relação ao qual as outras identidades são avaliadas e hierarquizadas. Normalizar significa atribuir a essa identidade todas as características positivas possíveis, em relação às quais as outras identidades só podem ser avaliadas de forma negativa. A identidade normal é "natural", desejável, única. A força da identidade normal é tal que ela nem sequer é vista como uma identidade, mas simplesmente com a identidade. Paradoxalmente, são as outras identidades que são marcadas como tais. Numa sociedade em que impera a supremacia branca, por exemplo, "ser branco" não é considerado uma identidade étnica ou racial. Num mundo governado pela hegemonia cultural estadunidense, étnica" é a música ou a comida dos outros países. É a sexualidade homossexual que é sexualizada não a heterossexual. *A força homogeneizadora da identidade normal é diretamente proporcional à sua invisibilidade* (SILVA, 2000, p. 83). Grifo meu.

A universalização da experiência e cultura de um grupo e o seu estabelecimento como sendo a norma é denominado por Mclaren (1997, p. 32) de imperialismo cultural. Para o autor, o grupo cultural dominante exerce seu poder trazendo outros grupos para o alcance de sua dominação. Assim, a identidade católica, ao se tornar invisível no espaço educacional, pode trazer graves problemas pedagógicos. Isso porque os grupos dominantes interpretam as diferenças dos grupos subjugados como carência e negação em relação às normas privilegiadas. Daí a necessidade de se conhecer as diversas religiosidades que se manifestam na escola e como a escola as interpreta.

A seguir, procuro apresentar um estudo de caso, focalizando o processo de construção de identidades estudantis de certos jovens que procuram, na religiosidade pentecostal, dar sentido às suas existências. A escolha da identidade estudantil pentecostal não é arbitrária: como foi descrito no início do capítulo, existem vários alunos que assumem essa identidade religiosa em diversas escolas noturnas da Rede Municipal de Ensino de Belo Horizonte, provocando diferentes reações por parte dos professores.

Familiarizando com o estranho

Esta seção é, com pequenas alterações, parte do capítulo 3 de minha dissertação de mestrado. Aqui, tento superar determinadas visões caricaturais que concebem os jovens pentecostais como alienados[5], fanáticos[6] e possuidores de viseiras.[7]

---

[5] Quando os professores definem os jovens pentecostais de alienados, eles não o fazem na perspectiva marxista, a qual procura demonstrar as implicações da separação capital/trabalho na sociedade capitalista. Aqui, alienação possui um outro significado: trata-se de um determinado comportamento político, marcado pela passividade e pela falta de indignação em relação às injustiças sociais.

[6] Apesar de serem, não raro, rotulados de fanáticos e fundamentalistas, verifiquei que, em algumas situações, certos professores, a fim de assegurar determinados comportamentos estudantis, questionam a identidade religiosa do aluno, dizendo: "você nem parece crente". Essa expressão foi dita por uma professora, quando determinado aluno evangélico estava infringindo a disciplina em sala de aula.

[7] Acredito que a expressão "eles possuem viseira" pode revelar uma visão na qual o aluno pentecostal pode ser visto como tendo certa carência cognitiva em relação aos demais; o que pode comprometer o desempenho escolar dos mesmos.

Abordo, inicialmente, a inserção dos alunos pentecostais no mercado de trabalho, procurando compreender por que eles possuem uma postura, aparentemente, de passividade em relação à sociedade capitalista. Aqui tento descrever o processo de construção de um sistema simbólico de orientação por meio do qual a realidade passa a fazer sentido para esses jovens. Para tanto, utilizo, como referencial teórico, a categoria *interpretabilidade*, cunhada por Geertz (1979), com o objetivo de compreender o comportamento religioso frente às situações aparentemente caóticas.

Em seguida, destaco o peso da *sociabilidade pentecostal*, a qual institui uma comunidade-família, que permite que a solidão seja resolvida pela proximidade e pela aceitação do outro. Finalmente, discuto o papel que o grupo pentecostal exerce sobre os jovens pentecostais, criando uma certa estabilidade e *segurança* frente a uma sociedade hostil e insegura, tanto do ponto de vista físico quanto do ponto de vista simbólico.

O grupo de estudantes pentecostais: interpretabilidade, sociabilidade juvenil e segurança

Do ponto de vista quantitativo, é bastante difícil precisar quantas pessoas frequentaram, ao longo de 1999, o culto na Escola Ilza Maria (EMIM)[8], pois houve, nesses encontros, grande rotatividade de alunos. Constantemente, novas pessoas participavam das celebrações – o que era quase sempre ressaltado publicamente pelos *"alunos sacerdotes"* – mas, geralmente, sem aderir ao estilo de vida do grupo. Além disso, cabe destacar que alguns jovens preferiam, em vez de entrar no círculo que era formado no pátio da escola pelos pentecostais, ficar ouvindo, a certa distância, as músicas e as pregações religiosas que ocorriam nesses encontros.

---

[8] A fim de preservar a privacidade das pessoas que nos forneceram o material empírico desta pesquisa, o nome real da escola, dos alunos e dos professores foram substituídos por nomes fictícios.

Um questionário aplicado ao grupo permitiu constatar que havia 15 jovens (oito moças e sete rapazes) que podem ser considerados pentecostais. Isso porque, além de estar frequentando cultos em igrejas desse ramo religioso, foram batizados nas águas.[9] Durante a Observação Participante, verifiquei que eram, geralmente, esses os jovens que possuíam maior frequência durante o culto.

A faixa etária deles oscilava entre 15 e 21 anos de idade; o que caracteriza, nitidamente, um descompasso entre série (ciclo?)/idade. Para cerca de 53% dos jovens (oito alunos), a escolarização não tem sido um processo linear. Embora a reprovação fizesse parte do currículo desses estudantes, foi a evasão escolar a principal causa da defasagem desses alunos.

Nesse sentido, os casos de Fernando, com 17 anos de idade, e Sérgio, com 20 anos, alunos da 8ª série, são emblemáticos: o primeiro, após concluir a 4ª série, teve que se afastar, por dois anos, do estabelecimento escolar, em razão da distância entre sua casa e a nova escola (na época, a EMIM possuía apenas as séries iniciais e a família não possuía condições financeiras para pagar condução para o aluno estudar em outro lugar); o segundo se desligou, por quatro anos, da escola, após a separação conjugal dos pais, pois a mãe não

---

[9] Normalmente, na presença de uma grande multidão, o chamado "batismo nas águas" pode ocorrer em um local que possui um enorme tanque de água, conhecido também como tanque batismal, ou em lugares abertos que possuem águas correntes, como rios, lagoas, lagos e córregos. O ritual se divide em três momentos distintos, a saber: primeiro ato, o batizando, vestido de uma longa roupa branca, fica de pé dentro da água, esperando a sua vez de ser batizado. Segundo, o pastor pergunta de viva voz se é de livre e espontânea vontade aquele ato do crente. No terceiro momento, após responder positivamente, o fiel é mergulhado nas águas e, depois de alguns segundos, o pastor o levanta com o corpo totalmente molhado. O pastor norte-americano GARY HAYNES (1996) nos ajuda a compreender o significado desse ritual na vida do crente: enquanto as roupas brancas simbolizam a santidade que o fiel deve buscar constantemente após o batismo, as águas simbolizam Jesus. Foi por meio das águas que todos os pecados dos homens foram lavados. O ato de imergir o fiel nas águas e levantá-lo imediatamente significa que o mesmo está morrendo para as coisas mundanas e as concupiscências da carne, e ressuscitando para a vida eterna.

pôde, sozinha, manter os estudos do filho. Entretanto, ambos nunca tiveram reprovação escolar.

Ao cruzar os dados obtidos em nosso questionário com dados do IBGE, constata-se que o índice de escolaridade dos jovens pentecostais da EMIM não é superior ao da média nacional. De acordo com Almeira e Chaves (1998, p. 676), cerca de mais de 52% dos jovens pentecostais no Brasil possuem apenas de 4 a 7 anos de escolarização: basicamente, o mesmo período de escolaridade do grupo pentecostal da EMIM.

Não acredito que as razões desses baixos níveis de escolaridade tenham, efetivamente, alguma ligação com a religiosidade desses jovens, como nos poderiam sugerir os dados estatísticos. Penso que, provavelmente, a evasão escolar dos jovens pentecostais se deva principalmente ao fato de os mesmos pertencerem a uma classe bastante desfavorecida socialmente. Em pesquisa realizada pelo sociólogo Reginaldo Prandi, foi constatado que os pentecostais possuem a menor renda familiar de todos os grupos religiosos brasileiros.

> Dos pentecostais, 33% são muito pobres, com renda familiar mensal de até duzentos dólares. A taxa de 8% de desempregados entre os pentecostais está acima da média nacional de 6%, enquanto a taxa de ocupados como trabalhadores irregulares – os que vivem de bicos e biscates, componentes da parcela marginal de trabalhadores – chega a 27%, quando a taxa nacional é de 19%. *A proporção de analfabetos é bem mais alta entre os pentecostais que todos os brasileiros.*[10] (PRANDI, 1997, p. 17) (Grifo meu)

Esses dados demonstram que o pentecostalismo é um movimento religioso constituído majoritariamente (não exclusivamente) pelos excluídos sociais (ORO, 1996, p. 49), o que pode explicar, em parte, os baixos índices de escolaridade dos jovens desse segmento religioso. Isso porque, como

---

[10] Estes dados correspondem ao ano de 1994.

afirma Dauster (1996), a escolarização é, na modernidade, fenômeno de longa duração: para concluir o curso superior, uma pessoa deverá estudar, pelo menos, 15 anos. Dessa maneira, em função de ser o processo longo e dispendioso, as camadas populares terão enormes dificuldades para manter os seus filhos na escola.

Cabe sublinhar que, mesmo estudando em escolas públicas, a aquisição de material escolar e uniformes representa grande ônus para o orçamento doméstico dessas famílias. Como vimos, 33% dos pentecostais, em todo o Brasil, possuem uma renda familiar mensal de até U$$ 200,00. Não se pode perder de vista que esta pesquisa foi realizada em 1994, época em que o real estava supervalorizado em relação ao dólar. Atualmente, com a crise financeira que se abate sobre o Brasil, a situação social dos pentecostais deve ser ainda mais degradante, pois o desemprego, como se sabe, afeta, com mais intensidade, as camadas sociais com menor nível de escolaridade.

Questões relacionadas a avaliação, organização do tempo escolar, currículo, capital cultural, entre outros, podem explicar os altos índices de evasão escolar do ensino noturno. Mas, quando se analisam os jovens pentecostais, não se pode deixar de mencionar a questão da baixa renda familiar.

A inserção subordinada desses jovens no mercado de trabalho pôde ser constatada em nosso questionário: a baixa remuneração e a ausência de quaisquer direitos trabalhistas foram elementos marcantes, em quase todas as respostas dos alunos.

De acordo com os dados obtidos, não pode ser desprezada a relação entre sexo e remuneração: prestando serviços nas imediações da escola como babás, domésticas e caixas de supermercados, as jovens pentecostais recebiam, sem exceção, remuneração inferior ao salário mínimo. Fato que não ocorria com os rapazes que, embora trabalhassem, em sua quase totalidade, sem carteira assinada, recebiam, pelo menos, uma remuneração equivalente ao valor mínimo estipulado pelo Governo Federal. Entretanto, trabalhando como pintor, mecânico, servente de pedreiro, repositor de estoque em supermercado e *officeboys* em locais distantes de suas residências, esses jovens eram obrigados a ficar, diariamente, pelo menos uma hora e meia no interior de lotações.

Assim, em virtude do reduzido tempo entre o término do trabalho e o início da aula, esses jovens eram, em sua maioria, obrigados a ir direto do trabalho para a escola. O que equivale a dizer que eles não podiam descansar, jantar e tomar banho, em casa. Não obstante, eles sempre se apresentavam, durante as celebrações religiosas no recreio, de modo alegre e contagiante, não demonstrando nenhum sinal de cansaço. Aliás, como dispunham de pouco tempo para cantar, orar e fazer proselitismo religioso, eles não merendavam na escola. *"Deus sustenta as pessoas que trabalham em sua obra"*, respondeu Sérgio ao ser indagado sobre essa questão.

Embora orassem, constantemente, pelos alunos evangélicos desempregados, Fernando e Sérgio nunca fizeram referências às condições de trabalho no capitalismo contemporâneo: em suas pregações, o trabalho era visto, não como um fardo, mas, acima de tudo, como uma virtude dos jovens pentecostais.

> Você não vê um jovem crente nos bares, bebendo e fumando. Quando ele não está na igreja, ele está ou estudando na escola ou está trabalhando.
>
> (Trechos da pregação de Fernando)

José de Souza Martins (1999) procura razões para a valorização do trabalho no pentecostalismo, a despeito das condições socioeconômicas em que se encontra a maioria das pessoas pertencentes a esse grupo religioso. Para esse autor, a proliferação do fundamentalismo pentecostal se explica, em parte, pelo fato de eles não se considerarem excluídos, mas escolhidos. O pentecostalismo "opera como técnica social de reinclusão dos desesperados e até reinclusão preventiva dos condenados ao limbo da sociedade atual. Ele dá sentido a essa reinclusão marginal justificando-a, ao invés de condená-la, pois destaca nela o fator de conversão e de salvação".

Segundo Geertz (1977), os seres humanos não podem viver no caos: túmulo de acontecimentos ao qual faltam não apenas interpretações, mas, também, interpretabilidade. Para não cair na anomia e poder lidar na vida social, o ser humano precisa construir um sistema simbólico de orientação por meio do qual a realidade faça sentido.

Isso porque o maior problema humano não consiste em conviver com situações adversas, mas em não compreender por que elas acontecem. "É preciso dar conta de tudo que é diferente, estranho, misterioso – ou pelo menos ter a convicção de que é possível dar conta do fenômeno" (GEERTZ, 1977, p. 118). Quando isso não acontece a pessoa entra em estado de anomia: a vida deixa de ser compreensível, o que pode acarretar insegurança quanto ao conhecimento e à postura morais.

Ao construir um saber que precede, ultrapassa e, ao mesmo tempo, inclui o indivíduo, a religião fornece o supremo escudo do homem contra o horror da anomia. Esse fato faz que a vida tenha sentido e, sobretudo, que o sofrimento tenha outro significado social:

> Como problema religioso, o problema do sofrimento é, paradoxalmente, não como evitar o sofrimento, mas como sofrer, como fazer da dor física, da perda pessoal, da derrota frente ao mundo ou impotente contemplação da agonia alheia algo tolerável, suportável – sofrível, se assim podemos dizer. (Idem, p. 119)

Esse ponto de vista nos ajuda a compreender por que os jovens pentecostais, a despeito de sua condição socioeconômica desfavorável, não problematizam, em suas pregações, a questão do trabalho e da escolarização na perspectiva do direito. Para eles, a carência social e econômica é vista como parte do plano da Providência Divina. Como diz Fernando, em uma de suas pregações, citando Jesus Cristo, *"no mundo tereis aflição, tenham bom ânimo. Eu venci o mundo e vós podeis também vencer"*. A palavra *mundo* aqui é uma expressão guarda-chuva que serve para designar todos os problemas que as pessoas evangélicas podem enfrentar em sociedade.

Algumas letras de músicas, cantadas pelos jovens pentecostais, ilustram bem como a inserção subordinada dos pentecostais na sociedade ganha um novo significado.

> Essa paz que eu sinto em minha alma, não é porque tudo me vai bem.
> Esse gozo que sinto em minha alma, é porque o sirvo ao meu senhor, Jesus.
> Não olho circunstância, não, não, não. Olho o seu amor.
> Não me guio por vista, alegre estou.
> Ainda que a figueira não floresça e a vide não dê o seu fruto...
> Ainda que os montes se lancem ao mar, eu hei de confiar, hei de confiar.
>
> (Música evangélica)

Observe que o trecho *"não me guio por vista"* sugere que o crente não deve se deixar levar pelos problemas que atingem as pessoas quotidianamente. De modo explícito, a música cita algumas catástrofes naturais, como terremoto e falta de fertilidade do solo, mas também nos pode sugerir outras, de ordem social: fome, desemprego, falta de moradia, violência urbana, etc.

Embora estejam vivendo em uma sociedade onde os meios de comunicação de massa propagandeiam, incessantemente, que as pessoas encontram felicidade somente no consumo, algumas músicas pentecostais procuram construir outro campo de significação, outro sentido para a existência humana.

> Quero que valorize o que você tem.
> Você é um ser, você é alguém,
> tão importante para Deus.

Chega de ficar sofrendo angústia e dor
Com esse complexo inferior
Dizendo, às vezes, que não é ninguém.
Eu venho falar de um valor que você tem.
Eu venho falar de um valor que você tem.
Ele está em você, o Espírito Santo se move em você
Fazendo gemidos inexprimíveis, inexprimíveis.
Daí você pode, então, perceber
Pra Ele algo importante é você,
Por isso, levante e cante, exalte ao senhor
Você tem um valor, o Espírito Santo se move em você.

Aqui, a presença do Espírito Santo nas vidas dos seres humanos é considerada um valor supremo: o fracasso no campo afetivo, econômico e social não deve comprometer a autoestima do fiel. Peter Berger (1985) afirma que, assim como as ferramentas e a linguagem, as religiões se inscrevem no aparelho do pensamento simbólico das pessoas, respondendo à vocação dupla e solidária: fazer com que a vida possua sentido, dando plenitude às coisas das quais o fiel parece ser privado; e arrancar cada ser humano de seu isolamento, enraizando-o numa comunidade que o conforte e ultrapasse.

Assim, a religião proporciona às pessoas uma rota.

> Mapas têm significações totalmente diferentes para estudantes de geografia e para aqueles que se encontram perdidos em meio a uma viagem. Para o geógrafo, mapas representam simbolicamente o espaço. Ele pode desenhá-los, sem que isto signifique nenhum plano de viagem. Para o homem que se perdeu, que partiu em direção a um destino e não sabe que direção tomar, o mapa assume uma função vital. Dele depende a escolha de uma direção, que poderá conduzir à vida ou à morte. Para o geógrafo o mapa é uma questão acadêmica. Para o perdido, assim, o mapa exerce a função de caminho. (ALVES, 1982, p. 135)

Em situação escolar em que os jovens apresentam, em maior ou menor escala, defasagem na relação idade/série (ciclo?), em que as condições socioeconômicas dos estudantes são bastante desfavoráveis, em que a escolarização não garante, como se acreditava em tempos anteriores, a ascensão social, em que o sistema educacional está em crise, incerto quanto aos conteúdos que precisam ser realmente ensinados, em tal situação escolar não é difícil concluir que, para se garantir a permanência do estudante em sala de aula, não basta apenas o poder público expandir a rede de ensino; é preciso que os próprios estudantes encontrem uma "boa" razão para justificar a continuidade de seus estudos. Afinal, como afirma Forquim (1993, p. 9), não há ensino possível sem o reconhecimento, por parte daqueles a quem o ensino é dirigido, de certa legitimidade da coisa ensinada, garantia da autoridade pedagógica do professor.

> Depois de participar do culto na escola, eu me sinto renovada para assistir às duas últimas aulas.
> (Patrícia, aluna da 802)

Acredito que a formação do grupo pentecostal possibilitou, nesse contexto, aos jovens pentecostais permanecer na escola, não apenas para fazer proselitismo religioso, mas, principalmente, para construir laços de solidariedade e sentimento de pertencimento de grupo. A escola passou a ter para eles um significado a mais, além do processo de escolarização: a possibilidade de se autoafirmar perante o grupo.

> Se eu pudesse, não sairia da EMIM. Vai ser muito difícil ter que começar tudo de novo em uma outra escola.
> (Romeu, aluno da 801, às vésperas da conclusão do Ensino Fundamental)

Desde a formação do grupo pentecostal na escola, os líderes afirmavam, quotidianamente, que o principal objetivo dos jovens evangélicos era *"ganhar almas para Jesus"*. Ao ser indagado sobre o possível fracasso dessa missão, já que o número de fiéis permaneceu o mesmo durante todo o ano, Sérgio nos deu a seguinte resposta:

> Outro dia eu estava orando a Deus, fazendo essa mesma pergunta a Ele. Aí, eu senti no coração que isso não era verdade. O nosso grupo não fracassou de maneira nenhuma. Quantos jovens puderam, através de nosso trabalho, ouvir a Palavra de Deus? Com certeza, a Palavra de Deus foi plantada aqui nessa escola [...] Agora a gente não pode esquecer que muitos jovens evangélicos que na escola não possuíam compromisso com Deus, passaram a dar testemunho de cristão. Eu passei a ficar mais perto de meus irmãos, nós passamos a falar de nossas dificuldades como jovens. Nós passamos a falar de nossos problemas. Nós passamos a nos encontrar nos finais de semana. Nós passamos a nos sentir mais preparados para servir ao Senhor.

A satisfação de estar associado a outras pessoas, a possibilidade de a solidão ser resolvida por meio da proximidade, da capacidade de união com outros, o sentimento de aceitação pelos integrantes do grupo, eis as principais características da sociabilidade, segundo Gilberto Velho (1986, p. 13). Para o autor, no processo de sociabilidade, os sujeitos não estão presos a necessidades e interesses específicos. Será que, quando Sérgio afirma que os jovens pentecostais integrantes do grupo evangélico da EMIM puderam ficar mais perto uns dos outros para falar de suas dificuldades existenciais, de seus problemas quotidianos, ele não estava nos dizendo, em outras palavras, que a sociabilidade que se construiu entre eles era mais importante do que o proselitismo religioso, tão propalado no grupo pentecostal?

Nas palavras de Phelippe Perrenoud (1994, p. 29), "Qualquer adulto se recorda que o que contava, durante a sua própria escolaridade, não era certamente a gramática ou a geometria, mas a *afirmação de uma liderança no grupo* ou a competição desportiva, *a aceitação pelos outros,* a relação com o outro sexo e as discussões em grupo" (Grifo meu). Esses elementos, destacados pelo autor, como os mais importantes no processo de escolarização, puderam, em maior ou menor escala, ser detectados no grupo pentecostal da EMIM.

Observe-se a letra da música a seguir.

> Recebi um novo coração do Pai,
> Coração regenerado, coração transformado
> Coração que é inspirado por Jesus
> Como fruto desse novo coração,
> Eu declaro a paz de Cristo
> te abençoe meu irmão,
> preciosa é a nossa comunhão.
>
> Somos corpos assim bem-ajustados
> Totalmente ligados, unidos, vivendo em amor
> Uma família sem qualquer falsidade
> Vivendo a verdade, expressando a glória do Senhor
> Uma família vivendo o compromisso
> do grande amor de Cristo
> Eu preciso de ti, querido irmão
> Precioso és para mim
> Querido irmão
> Precioso és para mim.

Essa música possuía, diferentemente das demais, um ritual próprio: ao mesmo tempo em que os jovens cantavam, eles se cumprimentavam com aperto de mão e abraços. Às vezes, a emoção era tão grande que provocava risos e prantos. Ao chamarem uns aos outros de irmãos, creio que a ideia de pertencimento a uma comunidade-família, como apontado na letra da música, ganhava força. Era comum encontrarmos os jovens pentecostais próximos uns dos outros não somente durante o intervalo, mas também após o término das aulas. Eles também se encontravam, em alguns finais de semana, para jogar bola ou para participar de alguma festa religiosa.

Assim, as celebrações religiosas na EMIM significavam não apenas a possibilidade de se fazer proselitismo religioso, mas, sobretudo, como nos sugere Perrenoud (Ibidem), a possibilidade de ser aceito pelo outro, de se discutir em grupo e de afirmação de uma liderança no grupo.

Como nos disse Sérgio, a construção do grupo criou condições para os jovens pentecostais falarem mais de seus problemas existenciais. O que não quer dizer que a aceitação do outro fosse irrestrita. Vinícius, aluno da 702, teve grandes dificuldades de aceitação pelo grupo por se envolver em conflitos com as professoras e os alunos. Além disso, esse aluno cantou música do grupo Legião Urbana durante gincana realizada na escola. Rodrigo, após participar da Festa Junina, promovida pela escola, foi censurado pelos colegas.

A aceitação do outro ocorria dentro dos limites impostos pela identidade pentecostal.

> A identidade é sempre uma relação: o que eu sou só se define pelo que não sou; a definição de minha identidade é sempre dependente da identidade do Outro. Além disso, a identidade não é uma coisa da natureza; ela é definida num processo de significação: é preciso que socialmente, lhe seja atribuído um significado. Não existe identidade sem significação. (SILVA, 1999, p. 106)

Enquanto os outros – católicos, espíritas, ateus, etc. – poderiam, por serem *mundanos*, participar de festividades, como festas juninas, os jovens pentecostais não deveriam se envolver, como fizeram Vinícius e Rodrigo, com essas celebrações. Para que os mesmos pudessem receber o perdão de Deus (ou do grupo), foi preciso que demonstrassem, publicamente, que estavam arrependidos. Somente assim eles puderam compartilhar com os demais, o sentimento de aceitação pelo outro.

A recompensa pela adesão ao grupo pentecostal, como afirma Rolim (1999), é o sentimento de segurança, frente à sociedade hostil, não somente do ponto de vista econômico, mas também político e social. De um lado, os crescentes índices de homicídios e de desempregos, verificado nos últimos anos. Por outro lado, as novas formas de se relacionar com a natureza e com a sociedade proporcionadas pelas novas tecnologias que estão subvertendo antigas formas de gerar, nascer, de crescer, de amar ou de morrer. Louro nos lembra de alguns episódios que têm ocorrido na vida quotidiana:

> Jornais e revistas informam, agora, que um jovem casal decidiu congelar o embrião que havia gerado, no intuito de adiar o nascimento de seu filho para um momento em que disponha de melhores condições para criá-lo; contam que mulheres estão dispostas a abrigar o sêmen congelado de um artista famoso já morto; revelam a batalha judicial de indivíduos que, submetidos a um conjunto complexo de intervenções médicas e psicológicas, reclamam uma identidade civil feminina para completar o processo de transexualidade que empreenderam. Conectados pela Internet, sujeitos estabelecem relações amorosas que desprezam dimensões de espaço, tempo, gênero, de sexualidade e estabelecem jogos de identidades múltiplas nos quais o anonimato e a troca de identidade são frequentemente utilizados. Embaladas pela ameaça da AIDS e pelas possibilidades cibernéticas, práticas sexuais virtuais substituem ou complementam as práticas face a face. (LOURO, 1999, p. 10)

Diante de uma situação estranha e de difícil compreensão, os jovens pentecostais encontram, na religião, segurança e respostas para as incertezas que marcam a sociedade neste início de século. Dessa maneira, o sentimento de pertencimento à comunidade torna-se mais forte do que a possível discriminação de que os jovens poderiam, eventualmente, ser vítimas na sociedade mais ampla. Observe-se a letra de uma música, muito cantada pelos jovens pentecostais durante o recreio escolar.

> Eu, eu, eu, eu quero é Deus.
> Eu, eu, eu, eu quero é Deus.
> Não importa o que vão pensar de mim
> Eu quero é Deus.
>
> Eu, eu, eu, eu quero é Deus
> Eu, eu, eu, eu quero é Deus
> Ninguém morreria assim em meu lugar
> Foi uma morte terrível pra me salvar
> Por isso, eu declaro, eu amo esse Deus
>
> Eu, eu, eu quero é Deus
> Eu, eu, eu quero é Deus
> Não importa o que vão pensar de mim
> Eu quero é Deus.

O grupo pentecostal da EMIM pôde, pelo menos para Fernando e Sérgio, significar também a possibilidade de afirmação de liderança. Para falar em nome de Deus, eles passaram por vários rituais de santificação. Em certo sentido, foram esses rituais que instituíram esses jovens como representantes legítimos do grupo pentecostal na EMIM. Segundo Pierre Bourdieu, esses rituais dão aos indivíduos aparência de que a vida possui sentido e razão de ser, de fato.

> Será que os ritos de instituição, quaisquer que sejam, poderiam exercer o poder que lhes cabe (estou pensando no caso mais evidente, o das "chupetas", como dizia Napoleão, que são as condecorações e outras honrarias) se não fossem capazes de dar ao menos a aparência de um sentido, de uma razão de ser, a esses seres humanos, lhes dar o sentimento de ter uma função, ou mais simplesmente, uma importância, livrando-os assim da insignificância? O verdadeiro milagre produzido pelos atos de instituição reside sem dúvida no fato de que

eles conseguem fazer crer aos indivíduos consagrados que possuem uma justificação para existir, ou melhor, que sua existência serve para alguma coisa. (BOURDIER, 1996, p. 106)

Em certo sentido, para esses jovens pentecostais, estar matriculados na EMIM significou não apenas a possibilidade de adquirir diploma, de obter novos conhecimentos, mas também a possibilidade de participar de interações sociais que produzem uma razão para viver.

Considerações finais

Os significados que os jovens pentecostais atribuem às suas experiências, apresentadas neste capítulo, não podem, no entanto, ser generalizados para toda e qualquer situação escolar. Dependentes da posição social que ocupam socialmente, os significados não são unívocos, mas contingentes e relacionais. Dessa maneira, sem se levar em conta o contexto específico em que os estudantes estão inseridos e as relações sociais que estabelecem em seu cotidiano, não se pode dizer como os jovens que vivenciam experiências religiosas no pentecostalismo interpretam o seu processo de escolarização.

Isso não quer dizer que a religião, entendida aqui como expressão simbólica e, portanto, parte constitutiva da realidade, não tem influenciado as experiências educacionais. Carvalho (1998), focalizando a coalizão política estabelecida entre os grupos evangélicos conservadores e o Partido Republicano, analisa as razões do fortalecimento do fundamentalismo religioso nos Estados Unidos. Esse autor afirma que esses grupos religiosos, seguindo a propensão inerente à sua visão de mundo, conseguiram incorporar à plataforma de governo republicano alguns pontos ligados à educação porque os conservadores precisavam restaurar a sua hegemonia política, ameaçada pelos crescentes movimentos sociais desde os anos 1960.

A direita cristã é contra a educação sexual nas escolas, é contra os currículos escolares federais e estaduais e deseja abolir o Ministério de Educação. Seus membros não acreditam na educação pública, porque ela prega um pluralismo que estimula as crianças a se misturarem com os diferentes e as confrontarem com a alteridade, ideal para eles indesejáveis. Não querem ver o Estado envolvido com a tarefa de disseminar conhecimento: exigem escolas privadas e educação doméstica. Querem que o dinheiro do governo seja aplicado somente a nível local, porque nesse nível eles podem controlar o conteúdo didático. (CARVALHO, 1998, p. 91)

Em um artigo recente, Apple (2000) analisa as causas da supressão da Teoria da Evolução do currículo escolar, em 1999, no estado de Kansas, Estados Unidos. Para o autor, o currículo e as questões educacionais mais genéricas sempre estiveram atreladas à história dos conflitos de classe, raça, sexo e *religião*, tanto nos Estados Unidos quanto em outros países. Uma vez que o conhecimento escolar não é neutro e desinteressado, os grupos sociais, situados em diferentes posições de poder na sociedade, sempre procuraram impor, ao currículo escolar, os seus conceitos, as suas categorias e as suas visões de mundo.

Entretanto, a aliança entre republicanos e evangélicos conservadores, bem como as suas respectivas intervenções no currículo escolar, representa uma grande ameaça ao sistema escolar público, já que colocam em xeque o ensino laico, importante conquista de algumas nações ocidentais, em fins do século XIX. A laicização do ensino público significou não o estabelecimento de uma sociedade ateia, como acusam os conservadores estadunidenses, mas apenas o reconhecimento de que a produção do conhecimento não precisa se atrelar, necessariamente, à atuação de forças sobrenaturais.

Ao currículo escolar, se submetido aos interesses de grupos cristãos fundamentalistas, como tem ocorrido nos Estados Unidos, pode subjazer não somente a perda da relativa autonomia dos professores no processo pedagógico, como também e, sobretudo, à possibilidade de se construir uma sociedade cujos valores estejam ancorados no respeito à diversidade cultural.

A intervenção dos grupos evangélicos conservadores nos currículos escolares estadunidenses demonstra a vitalidade dos grupos religiosos neste início de século: longe do desaparecimento, como previam os adeptos da teoria da secularização em meados do século XX, a religião ganha força política no mundo inteiro, exigindo novo tratamento pelos teóricos educacionais.

Talvez por essa razão os educadores franceses deixaram, nos últimos anos, de ignorar o peso da religiosidade na vida dos alunos. Nesse país, a religião, em vez determinar os conteúdos que podem ser ministrados, como tem ocorrido nos Estados Unidos, passou a ser objeto de estudo nos colégios. Segundo Jean Paul Willaime (1998), o ensino de cultura religiosa, em sala de aula, não tem o objetivo de suprimir o processo de laicização, empreendido pelos republicanos franceses no final do século XIX. Pelo contrário, trata-se apenas de reconhecer que as religiões, de modo geral, fornecem, por meio de seus sistemas simbólicos, orientação para as condutas sociais da vida, dando sentido à existência de milhões de pessoas e que o desconhecimento desse fato pode gerar intolerância religiosa. Partindo do pressuposto de que, para compreender o outro, é preciso conhecê-lo, os cursos de cultura religiosa na França estudam não somente os símbolos, os mitos e ritos dos diversos grupos religiosos, mas também os grupos que negam a existência de Deus.

Ao propiciar aos estudantes contatos com diferentes crenças, os educadores franceses acreditam que estarão contribuindo não somente com a diminuição da intolerância religiosa, verificada em alguns países no final de século XX, especialmente na região dos Bálcãs e do Oriente Médio, mas também com a formação de estudantes cidadãos – conhecedores do processo de formação social e cultural do mundo cristão. Isso porque o estudo da cultura religiosa permite conhecer símbolos e significados, com quais os diversos grupos sociais, dando sentido à sua existência, construíram, historicamente, a sociedade ocidental.

Não é preciso dizer que o caso francês é diametralmente oposto ao caso norte-americano. Enquanto nos Estados Unidos as crenças religiosas de alguns grupos cristãos conservadores se impõem no espaço escolar, limitando, até certo ponto, tanto determinados discursos científicos quanto outras crenças religiosas presentes na sociedade, na França, o currículo escolar está voltado para um ensino que leve em conta a pluralidade cultural daquele país. Mas em que medida esta situação possui alguma ligação com o trabalho ora apresentado? A existência de jovens pentecostais que contestam certos saberes e experiências escolares em alguns estabelecimentos educacionais representa uma ameaça à democracia e ao ensino laico? Até que ponto a autonomia pedagógica dos profissionais da educação está sendo ameaçada, como tem ocorrido na sociedade estadunidense, quando os jovens pentecostais contestam certos saberes e experiências escolares?

Acredito que não se pode, sem que se façam as devidas mudanças, estender as conclusões de Apple (2000) para a sociedade brasileira:[11] aqui, por exemplo, ao contrário da sociedade estadunidense, não existe nenhum partido político que esteja patrocinando as contestações que determinados jovens pentecostais fazem a certos saberes e experiências escolares. Aliás, cabe enfatizar que alguns dos alunos que assumem essa

---

[11] Segundo Gonçalves (1998), não é possível compreender as regras do multiculturalismo sem se explicitarem os contextos sócio-históricos nos quais os sujeitos agem. Aquilo que se nos apresenta como politicamente correto em um dado contexto pode se tornar a quintessência da incorreção em outro contexto.

identidade religiosa no estabelecimento escolar é que têm entrado em conflito com alguns saberes e atividades escolares; o que é compreensível se se considerar que os estudantes são, no processo de escolarização, ativos construtores de significados. Ademais, no Brasil, as atividades de cunho religioso sempre fizeram parte da paisagem escolar sem provocar, nos educadores, o sentimento de perda de autonomia e de ameaça à laicidade da escola pública. Basta lembrar as missas de formatura que acontecem em vários estabelecimentos de ensino ao final de ano; as aulas de Ensino Religioso que, ao apresentarem biografias de santos, acabam prescrevendo valores católicos; as rezas no pátio antes de o aluno entrar para a sala de aula; a presença do crucifixo (em alguns casos, nas gargantilhas usadas pelos professores e alunos) e/ou da imagem de Nossa Senhora Aparecida na sala da Direção.[12] Essa situação pode ser compreendida, por um lado, porque a escola é um espaço sociocultural onde professores e alunos interagem com os seus conceitos, com as suas escalas de valores e com a sua visão de mundo. Por outro lado, porque essas manifestações de caráter religioso fazem parte do universo simbólico da maioria da população, devido ao passado colonial da sociedade brasileira. Isso explica, pelo menos em parte, por que essas atividades religiosas não são vistas, de modo geral, como uma ameaça à laicidade e à autonomia pedagógica do professor.

Assim, em vez de pensar que a laicidade do ensino público brasileiro corre o risco de ser suprimida pelas manifestações de cunho religioso que têm sido observadas, nos últimos anos, em algumas escolas noturnas de Belo Horizonte[13], será

---

[12] Em 1999, os alunos do primeiro turno da Escola Municipal Ilza Maria eram obrigados a rezarem no pátio o Pai Nosso e a Oração de São Francisco, antes de entrar para a sala de aula.

[13] Em 1999, havia 12 escolas na Regional Venda Nova em que os jovens pentecostais se organizavam, durante o recreio, para realizar práticas religiosas similares às descritas neste capítulo.

que não é o momento de se perceber que o pluralismo religioso está chegando aos estabelecimentos de ensino, exigindo um novo olhar educacional sobre a questão religiosa? Será que, em vez de estranhar a interferência dos jovens pentecostais na dinâmica das escolas, não é hora de os educadores procurarem compreender o que esses estudantes estão querendo dizer quando assumem certos comportamentos fundamentalistas no espaço escolar?

Talvez, longe de serem ameaça à democracia e à escola laica, como se poderia imaginar, os jovens pentecostais estejam auxiliando no processo de construção de uma escola pública inclusiva e plural, contribuindo, assim, para a formação de professores capazes de dialogar com as diferenças socioculturais, certos de que o diferente não é, *ipso facto,* nem inferior nem perigoso.

REFERÊNCIAS

APPLE, Michael W. *Conhecimento Oficial:* a Educação democrática numa era conservadora. Rio de Janeiro: Vozes, 1997.

APPLE, Michael W. *Bringing the World to God:* education and the politc Authoritarian religious populism. Madison: University of Wisconsin, 2000. (Mimeogr.).

ALVES, Rubem. *Protestantismo e Repressão.* São Paulo: Ática, 1982.

ALMEIDA, Ronaldo & CHAVES R.M. *Juventude e Filiação Religiosa no Brasil.* Caxambu: AMPCS, 1998.

BERGER, Peter. *O dossel sagrado: elementos para uma teoria sociológica da Religião.* São Paulo: Paulus, 1985.

BOSI, Alfredo. *A dialética da colonização.* São Paulo: Companhia das Letras, 1995.

BOURDIEU, Pierre. *Economia das trocas lingüísticas*. São Paulo: Edusp, 1996.

CAMPOS JR., Luís de Castro. *Pentecostalismo*. São Paulo: Ática, 1995.

CAMPOS, Leonildo Silveira. *Templo, Teatro e Mercado: organização marketing empreendimento neopentecostal*. Rio de Janeiro: Vozes, 1997.

CARVALHO, José Jorge de. *Religião, mídia e os predicamentos da convivência pluralista:* uma análise do evangelismo transnacional norte-americano. In: MOREIRA, Alberto da Silva (Org.) *Sociedade global: cultura e religião*. Rio de Janeiro: Vozes, 1998.

DAYRELL, Juarez. A Escola como espaço sócio-cultural. In: DAYRELL, Juarez (Org.) *Múltiplos olhares na educação e cultura*. Belo Horizonte: UFMG, 1996, p. 136-161.

DAUSTER, Tânia. Construindo pontes – a prática etnográfica e o campo da Educação. In: DAYRELL, Juarez. *Múltiplos olhares sobre a educação e cultura*. Belo Horizonte: UFMG, 1996, p. 64-72.

FORQUIM, Jean Claude. *Escola e Cultura:* as bases sociais e epistemológica do conhecimento escolar. Rio Grande do Sul: Artes Médicas, 1993.

GEERTZ, Clinfort. *A interpretação da cultura*. Rio de Janeiro: Jorge Zahar, 1977.

GONÇALVES, Luiz Alberto Oliveira. *O jogo das diferenças: o multiculturalismo e seus contextos*. Belo Horizonte: Autêntica, 1998.

HAYNES, Gary. *O segredo do sucesso: princípio de Deus para uma vida de sucesso*. Belo Horizonte: Atos, 1997.

LOURO, Guacira Lopes. *O corpo educado: pedagogias da sexualidade*. Belo Horizonte: Autêntica, 1999.

MARTINS, José de Souza. Exclusão social e nova desigualdade. São Paulo: Paulus, 1999.

MCLAREN, Peter. *A Vida nas escolas: uma introdução à pedagogia crítica nos fundamentos da educação*. Porto Alegre: Artes Médicas, 1997.

OLIVEIRA, Heli Sabino. *Jovens pentecostais e Escola Noturna:* significados atribuídos às experiências escolares. Belo Horizonte: Faculdade de Educação/UFMG, 2000. (Dissertação de Mestrado).

OLIVEIRA, Heli Sabino de. *A (re)construção de uma identidade.* Memorial apresentado ao programa de pós-graduação da Faculdade de Educação da UFMG como requisito parcial para o ingresso no curso de Mestrado. Belo Horizonte, 1997. (Mimeogr.).

ORO, Ari Pedro. *O avanço Pentecostal e a reação católica.* Rio de Janeiro:Vozes, 1995.

ORO, Ari Pedro. *Globalização e Religião.* Rio de Janeiro: Vozes, 1997.

ORO, Ivo Pedro. *O outro é o demônio:* uma análise sociológica do fundamentalismo. São Paulo: Paulus, 1996.

PERRENOUD, Phelippe. *O ofício de aluno e o sentido do trabalho escolar.* Porto: Porto Editora, 1994.

PRANDI, Reginaldo. *Um sopro do espírito.* São Paulo: Edusp, 1997.

PRANDI, Reginaldo. A religião no planeta global. In: ORO, Ari Pedro. *Globalização e religião.* Rio de Janeiro: Vozes, 1997, p. 63-70.

PRANDI, Reginaldo. Religião não é mais herança, opção. In: *Folha de S. Paulo*, Caderno Especial Fé ano 2000, 26/12/99, p. 4 e 5.

ROLIM, Francisco Cartaxo. *O que é Pentecostalismo.* São Paulo: Brasiliense 1988.

ROLIM, Francisco Cartaxo. *A religião numa sociedade em transformação.* Rio de Janeiro: Vozes, 1999.

SILVA, Tomaz Tadeu da. *Documentos de identidade:* uma introdução as teorias do currículo. Belo Horizonte: Autêntica, 1999.

SILVA, Tomaz Tadeu da. *Identidade e diferença:* a perspectiva dos Estudos Culturais. Rio de Janeiro: Vozes, 2000.

VELHO, Gilberto. *Projeto e metamorfose:* antropologia das sociedade complexas. Rio de Janeiro: Jorge Zahar, 1994.

WILLAIME, Jean Paul. École et culture religieuse présentation. *Revue Française de Pédagogie*: École et culture religieuse. n. 125 – octobre-novembre-décembre 1998.

A formação do educador de jovens e adultos

Leôncio Soares

Este capítulo visa compreender a atuação do educador de jovens e adultos egresso do curso de pedagogia: sua trajetória profissional, locais de trabalho e seu olhar sobre o período em que cursou a habilitação em Pedagogia.

Para abordar este tema é importante destacar algumas questões: Qual a origem social desses sujeitos? Quais as suas trajetórias escolares e acadêmicas e seus destinos profissionais? Como eles veem a articulação/desarticulação entre fundamentação teórica e prática pedagógica? Na inserção/atuação profissional, como enfrentam a difícil combinação entre docência e pesquisa? Os estudantes que também trabalham se identificam com o público da Educação de Jovens e Adultos – EJA? Esse fato tem alguma consequência em suas práticas pedagógicas? Como esses profissionais, na medida em que atuam em uma realidade próxima do aluno trabalhador, percebem a articulação/desarticulação entre a sua dimensão política e a dimensão pedagógica? Na visão do egresso, o tempo dedicado à habilitação foi suficiente? Além das aulas, que outras estratégias fizeram parte dessa formação? Quais os temas priorizados na formação? Quais questões foram consideradas fundamentais na discussão teórico-metodológica no campo da Educação de Jovens e Adultos? Quais os impactos que esses processos formativos têm tido na prática cotidiana do professor?

Em entrevistas com professores das redes públicas que vivenciaram uma prática na Universidade no decorrer de sua formação, foram relatadas diversas estratégias de continuarem seus processos de formação. Alguns se apropriaram da noção de professor/pesquisador e buscam continuamente refletir sobre questões que emergem de suas práticas, problematizando-as. Afirmam que essa postura é decorrente da dimensão política do fazer pedagógico. Para Kincheloe (1997), "a educação do professor é inerentemente política e somente uma educação orientada para a pesquisa enfatiza o cultivo de habilidades de investigação sobre ensinar e os contextos multidimensionais que o preocupam".

Diante de tantas questões, tem sido importante pesquisar o tema no interior de uma universidade pública que assumiu a formação inicial de educadores de jovens e adultos ainda na década de 1980. Por meio desse estudo, se poderá compreender, de maneira mais aprofundada, a necessidade (ou não) de se ter uma formação específica para atuar na EJA já no curso de graduação. Investigar o problema proposto torna-se ainda mais urgente e relevante no momento em que a Educação de Jovens e Adultos assume um papel nuclear em muitos programas e ações propostos por esferas governamentais e não governamentais.

A Educação de Jovens e Adultos na atualidade

A educação voltada para jovens e adultos vem, de forma acelerada, ocupando um espaço cada vez mais importante no cenário mundial (SOARES, 2001). FONSECA *et al.* (2000) anunciam um momento de "...proliferação de programas de EJA, quer no âmbito público quer no privado...". Com o advento das novas relações no mundo do trabalho, a educação dessa população passou a ser focada como estratégia e elemento de requalificação profissional. A V Conferência Internacional de Educação de Adultos – CONFINTEA –, organizada pela UNESCO e considerada o principal fórum mundial sobre o tema, realizada em Hamburgo, em julho de 1997, considerou a educação de adultos como a "chave" de entrada para o século XXI. No Brasil, como no resto do mundo, o investimento na educação continuada tem como característica a necessidade de formação de um grande contingente da população que não possui a escolaridade fundamental. Os índices mais otimistas apontam para uma taxa de analfabetismo da ordem de 12,4% de uma população de 170 milhões de brasileiros. A população economicamente ativa tem, em média, apenas quatro anos de estudos. Somos a décima segunda potência econômica e ocupamos a 65ª posição no Índice de Desenvolvimento Humano (IDH) da ONU. O IDC mede o desenvolvimento do país com base na expectativa de vida, no nível educacional e na renda *per capta*. Os anos seguidos de altos índices de evasão e repetência escolar somados à dificuldade de acesso público à escolarização dos jovens e adultos contribuem para explicar o porquê da baixa escolaridade.

Nesse contexto, crescem, nos últimos anos, de maneira significativa, as iniciativas voltadas para a Educação de Jovens e Adultos. São ações no campo da alfabetização, da escolarização daqueles que não concluíram o ensino fundamental ou o ensino médio e da formação profissional, qualificação, requalificação do trabalho. A desobrigação da União para com a EJA (BEISIEGEL, 2000), processo ocorrido no final dos anos 1980 e início dos anos 1990, transferiu para estados e municípios a responsabilidade da oferta e do atendimento ao enorme contingente de jovens e adultos com escolaridade incompleta. No âmbito federal, portanto, houve uma redefinição administrativa que resulta numa ação desarticulada entre os ministérios que desenvolvem ações de oferta e de atendimento a jovens e adultos. Depois da extinção da Fundação Educar em 1990, as ações voltadas para a EJA realizaram-se de forma pulverizada. A equipe do MEC, que nos anos 70 e 80 estava a cargo do Departamento de Ensino Supletivo (DESU), se resume a um setor no interior da SEF (Secretaria de Educação Fundamental): a Coordenação Nacional de Educação de Jovens e Adultos (COEJA). Um balanço das atividades do MEC, nessa área, realizado por Haddad e Di Pierro (1994 e 2000), apontou para uma descontinuidade de suas ações e para a falta de uma ação indutora por parte do governo que articulasse as diversas iniciativas no âmbito federal.

Estudos de pesquisadores da realidade da Educação de Adultos na América Latina (ver RIVERO, 1998, SCHMELKES, 1996, TORRES, 1999) comprovam, também em outros países, a falta de prioridade e de atenção que a área recebe da parte das ações governamentais. Analisando as políticas adotadas pelos governos, ao longo da década de 90, os autores citados apontam os indicadores que podem contribuir para o agravamento e a deterioração da área: primeiramente, a alocação de cada vez menos recursos para implementação de uma política de EJA; em seguida, o prosseguimento do trabalho com pessoal não profissional; o consequente oferecimento de serviços de baixa qualidade; a não obtenção de resultados esperados e, finalmente, a perpetuação de um círculo vicioso que impede a EJA de ser valorizada.

Na esfera estadual, podemos encontrar, inicialmente, uma condução correspondente ao governo federal. Na medida em que houve a extinção de um importante órgão federal que conduzia a política de educação para jovens e adultos, muitas das secretarias estaduais seguiram o MEC, procurando redefinir suas atuações na área, ao reduzir equipes e se retirar da oferta e do atendimento. Paradoxalmente, algumas secretarias estaduais mantiveram suas equipes e passaram a criar uma tradição de atuação na área de EJA. Simultaneamente às iniciativas de formação geral, temos acompanhado a crescente ampliação de projetos de formação/requalificação profissional ligados às secretarias estaduais do trabalho.

Na esfera municipal é que vamos encontrar uma realidade distinta, e em diferentes formatos, no que se refere a programas de Educação de Jovens e Adultos. A municipalização, situação conhecida como a transferência para o município de encargos de políticas públicas, trouxe um excesso de atribuições que sobrecarregou e comprometeu a capacidade dos municípios em dar respostas às demandas sociais. Além de muitos municípios não se encontrarem preparados ou mesmo equipados o suficiente para assumirem os encargos que lhes foram atribuídos, houve um tratamento desigual do ponto de vista dos recursos: muitos ficaram com os ônus das transferências sem, contudo, receber os bônus. Ainda assim, muitas administrações municipais assumiram a EJA como um compromisso social, criando as condições para que ela se desenvolvesse, ao capacitar o corpo docente por meio de uma formação continuada de professores e do incentivo à produção de material didático apropriado a jovens e adultos. Cresce o número das secretarias em que a EJA é estruturada em setores ou mesmo em departamentos com a finalidade de organizar suas ações. Fóruns municipais de EJA começam a fazer parte do cotidiano de algumas cidades, trazendo mais vitalidade para a área.

Em lugares em que a ação do Estado não chega, os grupos populares e as organizações não governamentais continuam desenvolvendo projetos de EJA (HADDAD, 2001). Muitos desses grupos se estruturam a partir do trabalho coletivo com forte traço de solidariedade, de compromisso, por meio de uma ação muitas vezes voluntária, dispondo de pessoal que nem sempre teve acesso à formação necessária para desenvolver um trabalho educacional com jovens e adultos. Alguns desses aspectos esbarram em limites da atuação dos grupos populares. É nesse segmento que se encontram experiências significativas que muito têm contribuído para as inovações nas relações pedagógicas. Os relatos dessas experiências oxigenam e questionam as formas tradicionais dos sistemas regulares de ensino. Há uma vasta produção de impressos que se espalha pelo país, mostrando a diversidade existente e as múltiplas possibilidades de formatos do atendimento para jovens e adultos.[1] O nível de organização e o acúmulo de experiências e de tradição no trabalho com a EJA têm levado muitas ONGs a produzirem um rico material, fruto da sistematização de projetos desenvolvidos. Esse material circula com frequência nos sistemas públicos de ensino, provocando discussões, reflexões e mudanças nas práticas desenvolvidas nas escolas.

Um outro indicador desse crescimento da Educação de Jovens e Adultos tem sido a emergência, nos últimos anos, de uma multiplicidade de eventos nacionais e internacionais sobre o tema. Constam dessa intensa e variada agenda a V CONFINTEA (Conferência Internacional de Educação de Adultos), o Encontro de EJA da América Latina e Caribe, o Encontro de EJA do Mercosul e Chile, os Encontros Nacionais de EJA (Natal/96, Curitiba/98, Rio de Janeiro/99, Campina Grande/00, São Paulo/01, Belo Horizonte/02 e Cuiabá/03), o COLE (Congresso de Leitura do Brasil) e a ANPEd (Associação Nacional de Pós-Graduação e Pesquisa em Educação).[2] É também desse período o surgimento dos Fóruns Estaduais de Educação de

---

[1] Somente no V Seminário de Educação de Jovens e Adultos Trabalhadores realizado em julho de 2001, no interior do COLE – Congresso de Leitura – na UNICAMP, houve 84 apresentações de relatos de experiências e/ou pesquisas com EJA.

[2] Desde 1997 foi criado na ANPEd um Grupo de Estudos de Educação de Jovens e Adultos com o objetivo de discutir as pesquisas que vêm sendo produzidas na área. A transformação desse GE em Grupo de Trabalho, em 1999, tem buscado incentivar os pesquisadores que hoje se dedicam a esse tema a apresentarem os resultados das suas investigações.

Jovens e Adultos. O conjunto desses eventos internacionais e nacionais tem possibilitado o debate das questões emergentes, o aprofundamento de conceitos por meio de estudos e pesquisas e a articulação de ações que possam intervir na elaboração de políticas que garantam aos jovens e adultos uma educação que corresponda aos seus interesses e às suas necessidades.

As discussões sobre a Educação de Jovens e Adultos têm priorizado as seguintes temáticas: a necessidade de se estabelecer um perfil mais aprofundado do aluno; a tomada da realidade em que está inserido como ponto de partida das ações pedagógicas; o repensar de currículos, com metodologias e materiais didáticos adequados às suas necessidades; e, finalmente, a formação de professores condizente com a sua especificidade. A Conferência de Jomtien (1990) – Educação para Todos – já estabelecia como estratégia para satisfazer as necessidades básicas de aprendizagem de todos a exigência de conteúdos, meios e modalidades de ensino e aprendizagem apropriados a cada um.

Assim, a formação de um profissional que atenda às necessidades de uma população específica, formada por jovens e adultos, tem-se colocado como questão central nos debates. A atuação das Universidades na formação destes docentes é, ainda, muito tímida. É irrisório o número de Faculdades de Educação que formam educadores voltados para atuar com jovens e adultos. Em muitos casos, sem um quadro de professores com formação inicial para atuar com essa população, as iniciativas governamentais e não governamentais têm procurado realizar essa formação em serviço. Nesse contexto, destacam-se as ações de alguns municípios.

A formação de professores

Para compreendermos o processo de formação dos educadores, não podemos nos deter somente na formação inicial. É necessário ampliarmos o olhar sobre as trajetórias dos educadores por meio do que Perrenoud (2000), desenvolve como "história pessoal". Segundo ele,

> compreende-se a singularidade de cada percurso, interessando-se pela história de formação das pessoas, pelos processos de desenvolvimento e de aprendizagem por meio dos quais se constroem e transformam-se saberes, representações, atitudes, valores, hábitos, imagem própria e identidade, em suma, tudo aquilo que faz único cada ser.

Ainda do ponto de vista metodológico, Tardif (2000) propõe uma mudança de postura da parte do pesquisador no que denomina de *distanciamento etnográfico* em relação aos conhecimentos universitários:

> se os pesquisadores universitários querem estudar os saberes profissionais da área do ensino, devem sair de seus laboratórios, sair de seus gabinetes na universidade, largar seus computadores, largar seus livros e os livros escritos por seus colegas que definem a natureza do ensino, os grandes valores educativos ou as leis da aprendizagem, e ir diretamente aos lugares onde os profissionais do ensino trabalham, para ver como eles pensam e falam, como trabalham na sala de aula, como transformam programas escolares para torná-los efetivos, como interagem com os pais dos alunos, com seus colegas, etc.

Assumindo o desafio do *distanciamento etnográfico* proposto por Tardif (2000) e tomando como eixo da investigação a *história pessoal* desenvolvida por Perrenoud (2000), focaremos nosso estudo na formação inicial do educador de jovens e adultos.

A formação do educador de adultos está, há muito tempo, em questão. Com base, principalmente, na ação do voluntariado, a I Campanha Nacional de Educação de Adultos no Brasil[3], lançada em 1947, passou a ser sistematicamente criticada por

---

[3] Para um aprofundamento sobre a I Campanha Nacional de Educação de Jovens e Adultos, ver Beisiegel (1974) e Soares (1995, 1996 e 1998).

não preparar adequadamente professores para trabalhar com essa população. No I Congresso Nacional de Educação de Adultos, realizado no Rio, ainda em 1947, já se ressaltavam as especificidades das ações educativas em diferentes níveis e se recomendava uma preparação adequada para se trabalhar com adultos.

Passados mais de dez anos, no II Congresso de Educação de Adultos, realizado em 1958, tornaram-se ainda mais agudas, explícitas e generalizadas as críticas à ausência de uma formação específica para o professorado, assim como à falta de métodos e conteúdos pensados particularmente para a educação de adultos. Na verdade, na maioria das vezes, "...os mesmos professores encarregados do ensino primário infantil, no período diurno, retornavam à escola, à noite, para lecionar em classes de educação de adultos" (BEISIEGEL, 1974, p. 118). Em Minas Gerais, uma das professoras, que esteve na direção de um grupo escolar noturno nos primeiros anos da Campanha, assinalou que dificuldades eram enfrentadas em relação a esse aspecto: "Era um professor regular, do ensino primário. Só com as exigências de professor. Não tinha um interesse, uma formação específica, porque é diferente lecionar pra criança e adulto, né?"[4] Uma outra professora do Estado assim se manifestou quanto aos professores que trabalhavam com adultos: "com os vencimentos atuais não se consegue atrair os profissionais mais dedicados e mais competentes e, sim, os mais necessitados" (SOARES, 1995).

Nas últimas décadas, a questão da profissionalização do educador de adultos tem-se tornado cada vez mais nuclear nas práticas educativas e nas discussões teóricas da área. Aos poucos, a própria legislação incorporou a necessidade da formação específica desse educador. A LDB 5692/71,

---

[4] Entrevista concedida a esse pesquisador pela professora Marina Couto, em 16/12/92. Ver Soares, 1995.

por exemplo, que atribuiu um capítulo ao ensino supletivo, explicitou em um artigo a necessidade de preparação do professor tendo em vista as especificidades de se trabalhar com adultos. A mais recente LDB, Lei 9394/96, estabelece a necessidade de uma formação adequada para se trabalhar com o jovem e o adulto, bem como uma atenção às características específicas dos trabalhadores matriculados nos cursos noturnos. Há que registrar o avanço conceitual alcançado ao superar a ideia de educação compensatória advinda do ensino supletivo, de caráter emergencial, para uma concepção de educação enquanto direito.

As Diretrizes Curriculares Nacionais para Educação de Jovens e Adultos estabelecem, no item VIII, referente à Formação Docente, que o preparo deste profissional deve incluir, além das exigências formativas para todo e qualquer professor, *aquelas relativas à complexidade diferencial desta modalidade de ensino*. Ressaltando as especificidades dos sujeitos da EJA recomenda:

> ... os docentes deverão se preparar e se qualificar para a constituição de projetos pedagógicos que considerem modelos apropriados a essas características e expectativas.

As Diretrizes Curriculares para a EJA se referem às instituições formadoras, instando-as "a oferecer esta habilidade em seus processos seletivos" e, destacando a necessidade de uma ação integrada entre essas instituições e os sistemas de ensino, acrescenta:

> As licenciaturas e outras habilitações ligadas aos profissionais do ensino não podem deixar de considerar, em seus cursos, a realidade da EJA. Se muitas universidades, ao lado de Secretarias de Educação e outras instituições privadas sem fins lucrativos, já propõem programas de formação docente para a EJA, é preciso notar que se trata de um processo em via de consolidação e dependente de uma ação integrada de oferta desta modalidade nos sistemas.

Apesar de um certo consenso, presente, como se viu, nas discussões teóricas e na legislação quanto à necessidade de qualificação específica para o professor de jovens e adultos, é recorrente, ainda na atualidade, a ausência de políticas específicas para a formação, inicial e em serviço, do professor que atuará com esse tipo de população.[5] A falta de atenção a essas especificidades tem levado muitos profissionais à mera transposição, para os jovens e adultos, das atividades que desempenham no ensino regular com crianças e adolescentes. Logo, o resultado de muitos desses trabalhos tem deixado a desejar: no lugar de potencializar as capacidades dos jovens e adultos, muitas vezes tratados com infantilização, tende-se a reduzi-los a "receptáculos" (FREIRE, 2000).

A habilitação em EJA no curso de Pedagogia

Foi no contexto de reformulação dos cursos de pedagogia ocorrida em todo o país, na década de 1980, que se introduziu, em 1986, a Habilitação em Educação de Adultos, na Faculdade de Educação da UFMG. Desde então, anualmente, grupos de estudantes de pedagogia têm a possibilidade de optar por uma formação específica em Educação de Jovens e Adultos, podem atuar como professor das séries iniciais do ensino fundamental, como coordenadores de cursos noturnos ou de diferentes projetos no campo da Educação Popular, bem como em atividades de assessoria (GIOVANETTI, 2000). Em 2003, a habilitação de EJA no Curso de Pedagogia da UFMG completou 17 anos e, embora tenha formado cerca de duzentos profissionais, ainda não foi realizada uma pesquisa de acompanhamento ou mesmo de "escuta" desses sujeitos e das repercussões dessa formação em suas práticas pedagógicas. Este texto procurou identificar novos elementos e aprofundar questões decorrentes do Projeto Integrado já realizado. Como já foi citado, os processos de

---
[5] Ver DI PIERRO (1995).

formação focalizados em estudos anteriores referem-se ao que ocorre no âmbito dos movimentos populares[6] e da formação inicial vivenciada por alunos das diversas licenciaturas que atuavam em atividades de extensão.[7] Alguns estudos indicam que, embora as ações de EJA tenham crescido significativamente nos últimos anos, ainda são poucos os trabalhos que aprofundam o conhecimento da realidade atual e contribuem para a elaboração de conceitos e instrumentos teóricos. Como afirma Machado (2000):

> Há um desafio crescente para as universidades no sentido de garantir/ampliar os espaços para discussão da EJA, seja nos cursos de graduação, pós-graduação e extensão, sendo fundamental para isto considerar a produção já existente em Educação de Jovens e Adultos. É preciso ultrapassarmos os estágios a que já chegamos, no sentido de buscar melhor definição dos conceitos e aportes teóricos que referendam as pesquisas em EJA, assim como seus procedimentos metodológicos. (MACHADO, 2000).

Em particular, diversos trabalhos – como Aandré *et al.* (1999), Haddad (2000), Machado (2000)[8], Fonseca *et al.* (2000) e Kleiman (2000) – apontam que é ainda insuficiente o número de pesquisas específicas sobre a formação dos educadores para a EJA, apesar do seu crescimento significativo no Brasil nos últimos anos.[9] Dessa forma, pouco se conhece, em profundidade, como se dão os processos formativos daqueles que atuam na EJA. Além disso, esses estudos evidenciam que os trabalhos realizados têm, em sua maioria, um caráter mais descritivo do que analítico e, em muitos casos, constituem relatórios sobre a formação do educador. De modo geral, essas

---

[6] Ver GIOVANETTI (1999).
[7] Ver PEREIRA e FONSECA (1999).
[8] Machado (2000) relacionou oito dissertações e três teses sobre o tema, realizadas no período de 1986 a 1998.
[9] Essas pesquisas se detêm, sobretudo, na investigação da formação de professores para o ensino regular.

pesquisas, como afirmam Fonseca *et al*. (2000), chegam à "... constatação da precariedade, reiteradamente denunciada, da formação de educadores de jovens e adultos".

Como se sabe, essa precariedade é relacionada, muitas vezes, à ausência de uma formação específica nos cursos de Pedagogia, de onde advém a maioria dos profissionais. De fato, a habilitação em Educação de Jovens e Adultos é rara nos cursos de graduação brasileiros. Nos estudos citados, não se encontrou nenhuma referência a trabalhos que se detivessem sobre os alunos ou os egressos desses cursos. Podemos indagar até que ponto esses cursos desempenham um papel relevante e diferenciador na prática profissional dos que atuam na EJA.

Em pesquisa realizada anteriormente nas secretarias municipais de educação, sobre a formação em serviço desses profissionais, deparamos com a afirmação de que não há profissionais formados para atuar no campo. Atribuem a existência dessa situação ao fato de não ocorrerem concursos específicos. Por outro lado, no interior da Universidade, os formandos nessa habilitação reclamam da inexistência desses concursos e se perguntam quanto ao reconhecimento da habilitação. Pergunta-se: Como se dá, então, na realidade, a inserção desses profissionais no mercado de trabalho? Até que ponto a conclusão do curso de Pedagogia, com a habilitação em EJA, contribui para uma inserção profissional no campo da educação? Os egressos do curso de pedagogia com essa habilitação tiveram sua inserção profissional em redes públicas e foram locados, posteriormente, para trabalhar na modalidade em que se formaram? Ou, por outro lado, tiveram dificuldades de inserção profissional em redes públicas exatamente por terem somente essa habilitação? Haveria, ainda, o caso de formandos da habilitação que desistiram de atuar no campo da educação por não serem valorizados e reconhecidos como profissionais formados especificamente para atuar com jovens e adultos?

As pesquisas sobre formação de educadores em EJA

A pesquisa realizada por Fonseca *et al.* (2000) traz como resultado

> ...a necessidade de formação específica e profissionalizante para o educador de EJA, em oposição a um histórico de voluntariado, até hoje incentivado por campanhas de órgãos oficiais, em um flagrante descomprometimento com a garantia do direito à Educação Básica de qualidade, que não se pode negar ao cidadão numa sociedade que se quer democrática.

Na mesma direção, os estudos de Machado (2000) apontaram que:

> há uma quase unanimidade na constatação das dificuldades enfrentadas pelos professores em sua prática e da necessidade de uma preparação específica dos professores que atuam em EJA...

Assim, a velocidade com que as diversas iniciativas no âmbito da educação de jovens e adultos vem se multiplicando não é acompanhada por uma formação inicial do educador que leve em conta as especificidades da vida jovem e adulta, fazendo com que muitos trabalhem na base da "improvisação". Assim sendo, governos municipais e estaduais e ONGs têm organizado distintas ações procurando atender às necessidades de formação de seus educadores. São distintas nos formatos, nos tipos de eventos e nos tempos de execução, ocupando, preferencialmente, os períodos de férias e recessos dos educadores. São palestras, conferências, encontros, seminários, congressos, cursos de formação e de aperfeiçoamento, com o intuito de informar, trocar experiências e, sobretudo, de complementar a formação dos educadores. O conjunto dessas iniciativas é que possibilita uma formação em serviço aos educadores envolvidos com a educação de jovens e adultos.

Nos últimos anos, por exemplo, têm sido cada vez mais frequentes os convites aos professores da Faculdade de Educação da UFMG para proferirem palestras ou conferências e ministrarem cursos de formação para educadores de jovens e adultos. De outra maneira, têm-nos chegado cartazes e folhetos de eventos formativos dirigidos aos educadores de jovens e adultos em diferentes municípios de Minas Gerais e mesmo em outros estados.

Resultados da pesquisa sobre formação em serviço[10], que investigou as atividades formativas em Belo Horizonte, Contagem e Betim, indicam que as três redes, que mantêm, em sua estrutura, um departamento, setor ou seção dedicados à educação de jovens e adultos, oferecem um amplo atendimento a essa população. Nos três municípios, a formação de professores de jovens e adultos, que ocorre em tempos e espaços diversificados, tem sido considerada importante. Os resultados da pesquisa indicam também que alguns temas são recorrentes nos processos de formação nos três municípios: a necessidade de se estabelecer um currículo específico para a Educação de Jovens e Adultos, demandando momentos de aprofundamento em cada uma das áreas do conhecimento; a necessidade de se conhecer os principais momentos históricos que marcaram a Educação de Jovens e Adultos; a necessidade de se discutir as políticas de EJA. Além dessas, outras temáticas têm perpassado as discussões, como a violência na escola – particularmente no ensino noturno –, a questão da juventude, a realidade do mundo do trabalho e as formas de agrupamentos dos alunos nas salas de aula (por faixa etária, por grau de escolarização anterior, etc.). Os resultados da pesquisa possibilitaram o mapeamento das diferentes iniciativas de formação.

---

[10] Cf. SOARES e CARVALHO (1999).

No que tange às iniciativas de formação nos cursos de graduação das universidades, os dados de 2000, que constam da publicação do INEP sobre o Exame Nacional de Cursos, não são nada animadores. Dos 585 cursos de Pedagogia existentes no país, foram encaminhados ao INEP dados de apenas 218, o que corresponde a 37,26% das IES que habilitam pedagogos. Dos projetos pedagógicos dos 218 cursos existem 11 habilitações específicas em que a EJA é uma delas. Apenas seis instituições de Ensino Superior ofertavam essa habilitação, sendo quatro no Nordeste e duas no Sudeste.

Os dados preliminares de 2001 trazem um pequeno aumento no número de habilitações de EJA ofertada e a existência de cursos em mais uma região do país. Repetem os quatro no Nordeste e os dois no Sudeste e acrescentam seis cursos em IES da região Sul. A atuação das universidades pode ser considerada ainda muito tímida se considerarmos o potencial dessas instituições como agências de formação.

Existem também iniciativas que buscam oferecer uma formação específica para jovens e adultos no âmbito da universidade, em nível de pós-graduação. Há vários anos, por exemplo, é realizado pela Faculdade de Educação da Universidade Federal Fluminense um curso de especialização para a formação de profissionais para a Educação de Jovens e Adultos trabalhadores. Normalmente, esse curso atende a alunos que terminaram recentemente a graduação e decidiram complementar estudos na área, por estarem a ela vinculados, e profissionais que atuam em redes de ensino estaduais ou municipais, no antigo ensino supletivo, ou em instituições ligadas à formação de trabalhadores (FÁVERO e RUMMERT, 2000).

Essas diferentes ações talvez constituam um indicativo de que os profissionais que atuam na EJA, particularmente no ensino noturno, estejam buscando uma formação diferenciada, como indica Machado (2000):

...as pesquisas reforçam a premissa de que o professor do noturno precisa encarar as especificidades deste turno, defendendo-as e buscando se qualificar enquanto um profissional que atua numa modalidade diferenciada. O noturno precisa deixar de ser "um bico".

Nesse sentido, cabe-nos perguntar: Como esses profissionais avaliam ou ressignificam a sua formação inicial específica para atuar na EJA? Quais são, afinal, as "especificidades" dessa formação, a que se referem tantos autores?

REFERÊNCIAS

ARROY0. Miguel. Ciclos de Desenvolvimento Humano e formação de educadores. *Educação & Sociedade*, CEDES, n. 68, 1999, Campinas, 143-62.

BEISIEGEL, Celso de Rui. *Estado e Educação Popular*: um estudo sobre a educação de adultos. São Paulo: Pioneira, 1974.

BEISIEGEL, Celso de Rui. Questões de atualidade na educação popular: ensino fundamental de jovens e adultos analfabetos ou pouco escolarizados. *Educação em Revista*, Belo Horizonte, n. 31, junho 2000, p.7-19.

CONFERÊNCIA REGIONAL PREPARATÓRIA, Brasília, 1997. (Anais) Brasília: MEC/SEF, 1998.

DI PIERRO, Maria Clara. *Tendências de formação de educadores para educação básica de jovens e adultos no Brasil*. Seminário Taller REDALF. Jornada de Intercâmbio de Experiências Pedagógicas. Educación Básica de Jóvenes y Adultos (La Serena, Chile, 1 a 4 de agosto de 1995).

DI PIERRO, Maria Clara. *As políticas públicas de educação básica de jovens e adultos no Brasil do período de 1985 a 1999*. São Paulo: PUC, 2000. (Tese de Doutorado em Educação).

FÁVERO, Osmar, RUMMERT, Sonia, VARGAS, Sônia. Formação de profissionais para a educação de jovens e adultos trabalhadores. *Educação em Revista*, Belo Horizonte, n. 30, dez.1999, p. 39-49.

FÁVERO, Osmar, RUMMERT, Sonia. Núcleo de Estudos e Documentação sobre Educação de Jovens e Adultos – NEDEJA. *Educação em Revista*, Belo Horizonte, n. 32, dez. 2000, p. 177-186.

FONSECA, Maria da Conceição F. R. *et al*. O significado de um projeto de extensão universitária na formação inicial de educadores de jovens e adultos. *Anais da 23ª Reunião Anual da Anped*. Caxambu-MG, 2000. Edição eletrônica.

FREIRE, Paulo. *Pedagogia da autonomia*: Saberes necessários à prática educativa. São Paulo: Paz e Terra, 1996.

FREIRE, Paulo. Desafios da educação de adultos frente à nova reestruturação tecnológica. *Pedagogia da Indignação*: cartas pedagógicas e outros escritos. São Paulo: Editora UNESP, 2000.

GIOVANETTI, Maria Amélia Gomes. *A formação de educadores de jovens e adultos fora dos espaços escolares*. Belo Horizonte, 1999. Relatório Final de Pesquisa. (Mimeogr.).

GIOVANETTI, M. A. G. C. Núcleo de Educação de Jovens e Adultos: pesquisa e formação – NEJA/UFMG. *Educação em Revista*, Belo Horizonte, n. 32, 2000, p. 197-207.

HADDAD, Sérgio. *Estado e Educação de Adultos (1964-1985)*. São Paulo: Faculdade de Educação da USP, 1991. (Tese de Doutorado em Educação).

HADDAD, Sérgio. *Estado da arte da Educação de Jovens e Adultos*. Trabalho encomendado apresentado na 23ª Reunião Anual da ANPEd. Caxambu-MG, 2000.

HADDAD, Sérgio. *A Educação Continuada e as Políticas Públicas no Brasil*. Educação de Jovens e Adultos: novos leitores, novas leituras. Vera Ribeiro (Org). Campinas, SP: Mercado de Letras: ALB: Ação Educativa, 2001.

HADDAD, Sérgio e DI PIERRO, Maria Clara. *Diretrizes de política nacional de educação de jovens e adultos*. Consolidação de Documentos 1985/94. São Paulo, ago. 1994.

HADDAD, Sérgio e DI PIERRO, Maria Clara. Escolarização de jovens e Adultos. *Revista Brasileira de Educação*, São Paulo, n. 14, mai/ago. 2000, p. 108-130.

KINCHELOE, Joe L. *A formação do professor como compromisso político* – mapeando o pós-moderno. Porto Alegre: Artes Médicas Sul, 1997

KLEIMAN, Ângela (Org.). *O ensino e a formação do professor*: alfabetização de jovens e adultos. Porto Alegre: Artes Médicas, 2000.

IRELAND, Timothy. O atual estado da arte da educação de jovens e adultos no Brasil: uma leitura a partir da V Confintea e do processo de globalização. In: SCOCUGLIA, Afonso Celso, MELO NETO, José Francisco de (Org.) *Educação popular:* outros caminhos. João Pessoa: Editora Universitária/UFPB, 1999.

MACHADO, Maria Margarida. A prática e a formação de professores na EJA: uma análise de dissertações e teses produzidas no período de 1986 a 1998. *Anais da 23ª Reunião Anual da Anped.* Caxambu-MG, 2000. Edição eletrônica.

MEC. INEP. Exame Nacional de Cursos ENC/2001 – Análise dos Projetos Pedagógicos dos Cursos de Pedagogia. Outubro/2000.

MEC. INEP. *Diretrizes curriculares nacionais para formação de professores*. Brasília: MEC, 2000 (Mimeogr.).

NÓVOA, A. Os professores e as histórias da sua vida. In: NÓVOA, A. (Org.) *Vidas de professores*. Porto: Porto Editora, 1995.

OREALC Formación, capacitacion y prefeccionamiento de docentes de centros de educación básica de adultos. Santiago: OREALC, 1998.

PAIVA, J. SALGADO, E N. Curso de Pedagogia e formação de educadores de jovens e adultos no início da década de 90: inaugurações na UERJ. Alfabetização e Cidadania. *Revista de Educação de Jovens e Adultos*. RAAAB, n. 13, 2001, São Paulo, 29-36.

PEREIRA, Júlio Emílio Diniz, FONSECA, Maria da Conceição F. R.. *A formação inicial de educadores de jovens e adultos*. Belo Horizonte, 1999. Relatório Final de Pesquisa. (Mimeogr.).

PERRENOUD, Philippe. *Pedagogia diferenciada*: das intenções à ação. Porto Alegre: Artes Médicas Sul, 2000.

RIBEIRO, Vera Maria Masagão. A formação de educadores e a constituição da educação de jovens e adultos como campo pedagógico. *Educação e Sociedade*, Campinas-SP, v.20, n.68, dez.1999, p.184-201.

RIVERO, José. *Educación de Adultos en América Latina*: Desafios de la Equidad y la Modernización. Madrid: Editorial Popular, OEI, Quinto Centenário, 1993.

RIVERO, José. *Educación y pobreza* - Políticas, estrategias y desafios. Seminário Regional Programas de Educación Compensatoria en America Latina y El Caribe. Buenos Aires: 1998. (Mimeogr.)

RIVERO, José. Formación docente para la educación de jóvenes y adultos (Documento Base) In: Seminário Taller REDALF sobre Formación...

SACRISTAN, J. G. *O currículo*: uma reflexão sobre a prática. 3 ed. Porto Alegre: Artmed, 1998.

SCHEIBE, Leda. AGUIAR, M. A Formação de profissionais da educação no Brasil: O curso de pedagogia em questão. *Educação & Sociedade*. Campinas: CEDES, n. 69, 1999, p. 220- 238.

SCHMELKES, Sylvia. Las necessidades básicas de aprendizaje de los jóvenes y adultos en América Latina. In: OSORIO VARGAS, Jorge, RIVERO HERRERA, José (Comps.). *Construyendo la modernidad educativa en América Latina:* nuevos desarrollos curriculares en la educación de personas jóvenes y adultas. Lima: OREALC; UNESCO; CEAAL; Tarea, 1996.

SOARES, Leôncio José Gomes. *Educação de adultos em Minas Gerais*: continuidades e rupturas. São Paulo: FEUSP, 1995. (Tese de Doutorado em Educação).

SOARES, Leôncio José Gomes. A educação de Jovens e Adultos: momentos históricos e desafios atuais. *Presença Pedagógica*, Belo Horizonte, n. 11, set/out 1996, p. 27-35.

SOARES, Leôncio José Gomes. A política de educação de adultos: a Campanha de 1947. *Educação em Revista*, Belo Horizonte, n.28, 1998, p. 51-62.

SOARES, Leôncio José Gomes. Processos de inclusão/exclusão na educação de jovens e adultos. *Presença Pedagógica*, Belo Horizonte, v.5, n.30, nov./dez.1999, p. 25-33.

SOARES, Leôncio José Gomes. As políticas de EJA e as necessidades de aprendizagem dos jovens e adultos. In: RIBEIRO, Vera Masagão (Org.). *Educação de jovens e adultos. Novos leitores, novas leituras*. Campinas: Mercado de Letras, 2001, p. 201-224.

SOARES, Leôncio José Gomes. *Educação de Jovens e Adultos*. Diretrizes curriculares nacionais. Rio de Janeiro: DP&A, 2002.

SOARES, Leôncio J. G. e LEMOS, Daniela C. de. A formação em serviço de educadores de jovens e adultos. In: *Congresso Brasileiro de Qualidade na Educação: formação de professores*. Brasília: MEC, SEF, 2002, p. 131-136.

TARDIF, Maurice. Saberes profissionais dos professores e conhecimentos universitários: elementos para uma epistemologia da prática profissional dos professores e suas conseqüências em relação à formação para o magistério. *Revista Brasileira de Educação*. Rio de Janeiro: Anped, no. 13, jan/fev/mar/abr, 2000, p. 5-24.

TORRES, Rosa Maria. *Educación para todos*: la propuesta, la respuesta. (1990-1999). Buenos Aires. (Mimeogr.).

UNESCO. V Conferência Internacional sobre Educação de Adultos. *Declaração Final e Agenda para o Futuro*. Hamburgo, 1997; Lisboa: Ministério da Educação, 1998.

Os autores

GEOVANIA LÚCIA DOS SANTOS
Bacharel e licenciada em História pela UFMG, mestre em Educação pela UFMG. Professora no ensino superior.
E-mail: *geolusantos@bol.com.br*

MARIA LÚCIA SILVA ALMEIDA
Pedagoga e mestre em Educação pela UFMG. Professora no ensino superior.
E-mail: *maluciabr@yahoo.com.br*

VERA LÚCIA NOGUEIRA
Pedagoga e mestre em Educação pela UFMG. Professora no ensino superior.
E-mail: *vlnogueira@terra.com.br*

HELI SABINO DE OLIVEIRA
Licenciado em História pela Uni-BH. Mestre em Educação pela UFMG.
E-mail: *cpp02@pbh.gov.br*

Este livro foi composto com a tipografia Times
New Roman e impresso em papel Off Set
75 g/m² na Gráfica PSI7